Michael Schottenberg

Von Menschen, Märchen & Moguln

Michael Schottenberg

Von Menschen, Märchen & Moguln

UNTERWEGS IN INDIEN

Mit 80 Fotos

Amalthea
Verlag

Die in diesem Buch beschriebene Reise fand von 15. Februar bis
20. März 2018 statt. Referenzen zu aktuellen politischen und gesellschaftlichen Ereignissen beziehen sich auf den angegebenen Zeitraum.

Besuchen Sie uns im Internet unter: amalthea.at

© 2020 by Amalthea Signum Verlag, Wien
Alle Rechte vorbehalten
Umschlaggestaltung: Elisabeth Pirker/OFFBEAT
Umschlagfotos sowie alle Abbildungen im Buch: © Michael Schottenberg
Umschlaghintergrund: © iStock.com
Karte Seite 11: © arbeitsgemeinschaft kartographie
Lektorat: Madeleine Pichler
Herstellung und Satz: VerlagsService Dietmar Schmitz GmbH, Heimstetten
Gesetzt aus der 11,25/14,7 pt Minion Pro
Designed in Austria, printed in the EU
ISBN 978-3-99050-182-5

Für Claire

Inhalt

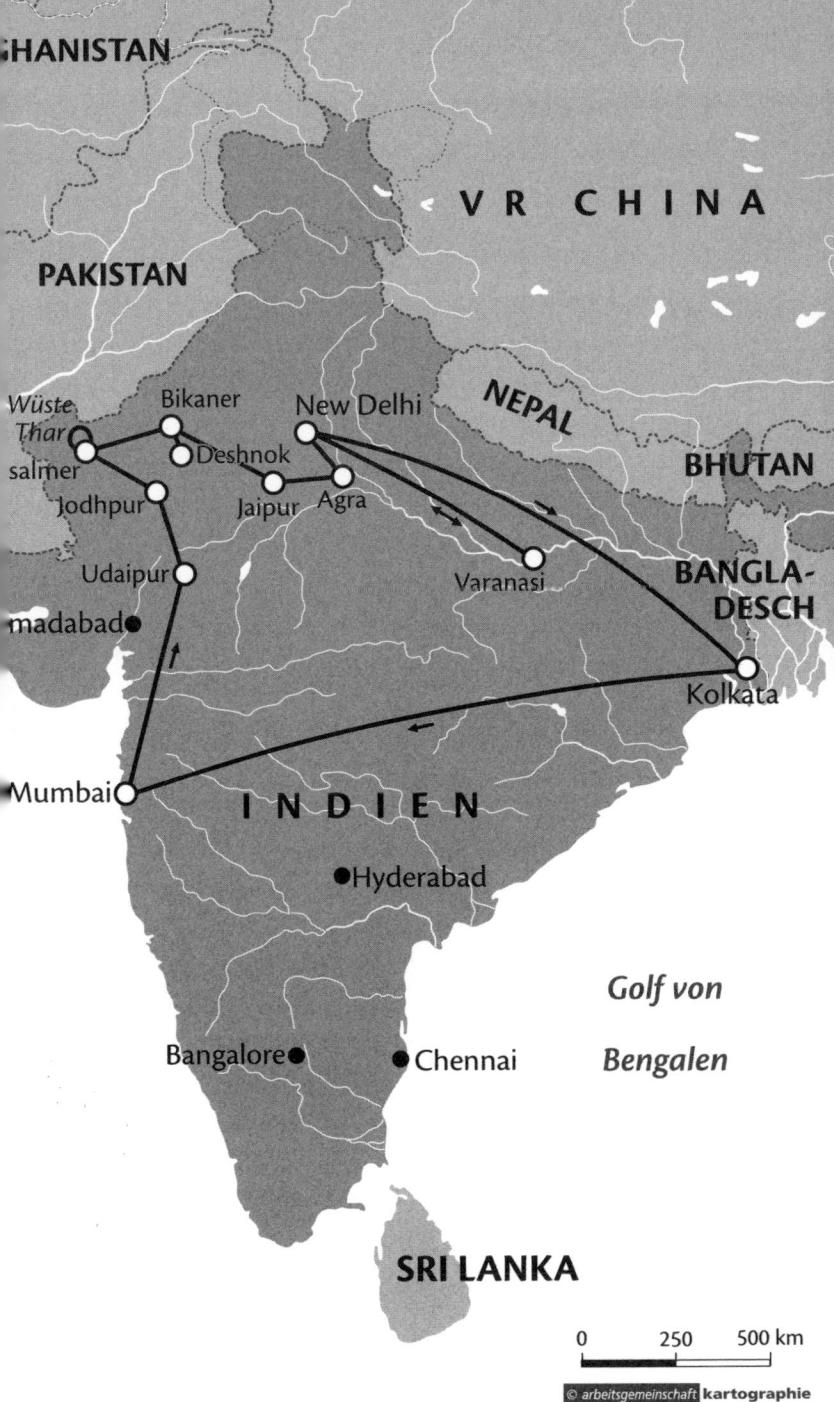

Welcome to Mumbai!
Amsterdam – Mumbai, 15. Februar

Das Zeug besteht aus Hefe, Mehl und Wasser, fühlt sich labbrig an und erinnert an die Edelreife einer Pampers. Riechen tut das Ganze entsprechend ambitioniert. »Happy Meal« nennt sich der Dreck, Süßgetränk inklusive. Willkommen in der Welt der Burger und Bouletten.

Tatort Schiphol, Amsterdam, Terminal 2. Ich trommle meine Bestellung gegen die Mattscheibe und ziehe Nummer 075. Eine gefühlte Ewigkeit später wirft ein Fräulein mit goldenem M auf der Schildkappe die Henkersmahlzeit auf den Plastikuntersatz. »Zero Seven Five!«, hallt es durch den Airport. Die Stimme klingt weltweit gleich. Meine letzte Mahlzeit auf europäischem Boden. Gate E7. Draußen parkt einer der hellblau bemalten Riesenvögel der Royal Dutch Airlines. Er wird mich in eine andere kulinarische Liga heben, in die Welt von Chili, Chutney und Chapati. Wie oft schon habe ich Abendgesellschaften mit extra scharfen keralanischen Genüssen verwöhnt. Der Weg ins Paradies führt geradewegs durch die Hölle: Auf dem Resopal vor mir stapelt sich ein Müllberg, als hätte ich ein Kleinkind gewickelt. Die Irrfahrt durch ein lasches Burger-Erlebnis endet auf der nächsten Toilette, zu Beginn eines Langstreckenfluges nicht unerheblich.

Meine Geburt als Reiseautor liegt hinter mir. Bücher, Lesungen, Interviews: Mein neues Leben hätte nicht abwechslungsreicher beginnen können. Nach so vielen Jahren auf der Bühne bin ich in einer anderen Hemisphäre aufgeschlagen – um erst recht wieder zu meinem Publikum zurückzukehren, als Weltenentdecker und Geschichtenerzähler. »Ich setze auf Inhalte« steht auf dem Umschlag des roten Büchleins, das ich erneut mit abertausenden Buchstaben vollkritzeln werde. Es wird nicht bei dem einen bleiben. Möge es eine phantastische Reise werden – eine Reise zu Menschen, Märchen und Moguln.

Neun Stunden später zwänge ich mich durch einen engen Geburtskanal: Dort vorne liegt Indien! Später als alle anderen betrete ich den Subkontinent. Ich habe bewusst einen Platz in der letzten Reihe gebucht, so habe ich alles noch länger vor mir.

Am Schalter mit der Aufschrift »Foreigners« drängen sich die Passagiere. Die Warterei dauert beinahe so lange wie der Flug. Es ist zwei Uhr nachts. Endlich bin ich dran. Der Beamte der Einwanderungsbehörde spricht Hindi-Englisch, er wackelt mit dem Kopf. Ununterbrochen stellt er dieselbe Frage. Ich sage, dass ich schon einmal den Süden seines Landes unsicher gemacht habe. Es sollte ein Scherz sein. Wieder schüttelt er den Kopf, wieder blättert er in meinem Pass. »Selbst gemacht«, sage ich und hoffe, dass er mich ebenso wenig versteht wie ich ihn. Er rülpst. Zehntausende Arrivals hat er bereits hinter sich, zehntausende liegen vor ihm. In seinem Blick liegt alles Elend dieser Welt – ähnlich einem Gecko-Baby, das seine Mutter sucht. Er deutet, ich möge die Brille abnehmen. Lange betrachtet er mein von schlaflosen Stunden gezeichnetes

Gesicht. Ich halte dem Blick stand. Er schürzt die Lippen zu einem Kussmund. Was wird das, denke ich. Unsicher zwinkere ich zurück. Hinter ihm ist eine Kamera angebracht, die den Ist-Zustand des Asylsuchenden festhält. Und ich dachte schon, meine Reise beginnt mit einer kleinen Koketterie. Nichts da, er wartet auf einen entspannten Gesichtsausdruck meinerseits. Kann er haben. Klick. Stempel. Ich werde zum Handgepäckschalter weitergereicht. Wie jetzt? Was könnte ich gerade eben noch ins Gepäck geschummelt haben? Kurz darauf habe ich auch die letzte der sieben Prüfungen bestanden.

Ich bin drin. Das Abenteuer beginnt. Da lokale Banknoten nicht eingeführt werden dürfen, bleibt dem Globetrotter nichts anderes übrig als die Jagd nach Barem. Dabei aber sollte man besser ausgeschlafen sein. Die erste Maschine streikt, die zweite akzeptiert die Karte nicht, die dritte ist außer Betrieb und um die vierte balgen sich meine übermüdeten Kollegen. Per Zufallsgenerator spuckt die Maschine Geld aus – oder eben nicht. Bei mir nicht. Jemand weist mir den Weg aus der Halle hinaus, dort stehen angeblich noch weitere dieser Wunderkästen. Nachteil: Man muss den Airport verlassen und wird, so schnell kann's gehen, zum Spielball von Häschern und Heilsversprechern. Inzwischen ist es vier vorbei. Der Rummel ist gewaltig. Wo, wenn nicht hier liegt das Geld auf der Straße. Arrivals sind willfährige Barzahler. Im Nu bin ich umringt von hilfsbereiten Geistern. Gemeinsam starren wir auf die Mattscheibe. Wird man vor dem Eintippen des Codes nicht immer vor »unbefugten Blicken« gewarnt? In Indien ist Geldbeschaffung Gruppenarbeit.

In meiner Linken verspüre ich ein paar Weihrauchkörner. Rechts montiert mir ein Jünger Krishnas ein rotes Wollband ans Handgelenk. »Karma!«, flüstert er und rollt die Augen. Was soll ich um vier Uhr früh mit Karma? Ich brauche Geld. Aber das wollen andere auch. Die Menschentraube schnürt mich ein. Wer sagt's, die Money Machine ist leer. Der Tross wechselt zur nächsten. Wie ich es letztlich geschafft habe, meine neuen Fans zu überlisten, weiß ich nicht, noch weniger, wie ich sie alle wieder loswurde. Mit einem Bündel glatt gebügelter Mahatma-Gandhi-Gesichter kämpfe ich mich in die Ankunftshalle zurück und lande bei einem der Prepaid-Taxi-Schalter. Ich bin viel zu müde, um auf den Bus ins Stadtzentrum zu warten – falls es so etwas überhaupt gibt. Mumbai hat über achtzehn Millionen Einwohner und mindestens die Hälfte davon strecken mir gerade die Hände entgegen.

»What's your name?« Ein Kleinwuchs schnappt nach meinem Rucksack.

»Austria«, sage ich gedankenverloren.

»I'm Sebastian. European name. Cochin, Kerala!«

Na bitte. Vor Jahren bin ich kreuz und quer durch den Süden gereist, in der Stadt Cochin am Arabischen Meer habe ich eine schöne Zeit verbracht. Wenn das nicht verbrüdert. Ich versuche, mit Sebastian Schritt zu halten, eine endlose Rolltreppe bringt uns zwei Etagen tiefer.

»I never heard a name like Austria!« Der Kleine denkt nicht daran, mein Gepäck loszulassen. Der Chhatrapati Shivaji International Airport, benannt nach einem Marathenkönig aus dem 17. Jahrhundert, ist eine weit verzweigte Stadt unter der Stadt. »Short cut. Time is money!« Sebastian wackelt mit dem Kopf und verschwindet zwischen unzähligen mit laufenden Motoren wartenden Taxis.

»Air conditioning, Sir?« Wie aus dem Nichts taucht er vor mir auf.

»No«, sage ich. »AC is expensive!«

Er hält mir eine Autotüre auf und ich lasse mich auf die steinerne Rückbank fallen. Der Aufschlag in Mumbai ist härter, als ich dachte. Sebastian wirft die Kiste an, ich kurble die »Aircondition« hinunter. Sein Kopf erscheint neben mir im offenen Fenster.

»Small money, Austria. Please!« Er lächelt und hält mir die Hohle hin. Ich schüttle sie. Sein krätziger Schädel ist jetzt dicht neben mir, er riecht nach Patschuli und Raubtier. Ich krame den kleinsten der großen Scheine heraus, der Südinder schnappt sich den Lappen und verschwindet in der Dieselwolke eines unmittelbar vor uns startenden Rosthaufens. Hopsend vor Fehlzündungen verlassen wir das Flughafengelände.

»Otel?« Sebi betrachtet mich im Rückspiegel. Ich dachte eigentlich, dass das auf dem Prepaid-Formular steht. *Bentley's Hotel*, Colaba. Letzteres ist der Name des Stadtteils. Der Typ hat sichtlich keinen Tau. Entweder ist meine Aussprache so miserabel oder es ist heute nicht sein Tag. Wahrscheinlich beides. Colaba war vor Kurzem in aller Munde, hier ereignete sich ein schwerer Terroranschlag. Indien und Pakistan werden in diesem Leben keine Freunde mehr.

»Close the window«, zischt Sebastian. Er hat recht. Hier ist sie, die Smog-Glocke, von der man in so ziemlich allen Touristenführern liest. Über dem Moloch hängt Tag und Nacht eine undurchdringliche Chemiewolke. In ein Taxi mit Klimaanlage zu investieren, wäre nicht verkehrt gewesen. Mit Vollgas brettern wir durch die Nacht. Schlaglöcher, Kühe, Mopeds, auf der Straße liegende Menschen, streunende Hunde. Die Fahrt nimmt kein Ende.

Am Colaba Causeway erwache ich in einem Nebel aus Dunst und Diesel. Die Gegend ist mir bekannt. *Shantaram* von Gregory David Roberts, eine abenteuerliche Mischung aus Science-Fiction- und Lovestory, ist ein Muss für Bücherwürmer.

»Otel?« Sebastian wendet sich genervt um, wahrscheinlich hat er die Frage bereits mehrmals gestellt.

»*Bentley's*.«

Er wackelt mit dem Kopf und brüllt einen jungen Mann an, der gerade die Straße kreuzt. Ein Köter springt jaulend zur Seite, so scharf hält der Wagen. Der Junge schreit zurück. Das Taxi fährt, es hält, es fährt, es hält. Jedes Mal unterbrochen von Schreierei und ebensolcher Antwort. Mein Hotel ist, scheint's, unbekannt. Weiter vorne steht das *Taj Mahal Palace*. Dort, wo einmal Straßen waren, wird jetzt Ackerbau betrieben. Wir befinden uns in einem willkürlichen Einbahnchaos.

Das *Bentley's* sollte in unmittelbarer Nähe zum Gateway of India liegen. Hier betrat vor etwas mehr als einhundert Jahren der Opa von Königin Elizabeth II. erstmals indischen Boden. Ihm zu Ehren bauten sie einen Triumphbogen. Von hier aus will auch ich das Land erobern. Die ersten Europäer allerdings waren schon vierhundert Jahre früher da. 1498 legte Vasco da Gama in Kerala an, danach fielen nach und nach die Pioniere der Pauschalreisenden ein und begannen den Subkontinent zu plündern: Portugiesen, Holländer, Engländer, Franzosen und Dänen. Sie alle gründeten Handelsniederlassungen. Lückenlos.

Ich beschreibe Sebi den Weg, zu Hause habe ich mir den Stadtplan von Colaba eingeprägt. Einige Straßen später bringt er die Karre zum Stehen. Der abgewrackte Kasten liegt in einem ebenso verwahrlosten Garten. Es ist kurz vor sechs. Vor dem verschlossenen Gittertor schreckt eine auf dem Gehsteig liegende Gestalt auf. Conciergen leben gefährlich, das Taxi hätte ihn beinahe überrollt. Missmutig entriegelt er das Tor.

In der Rezeption brennt kaltes Licht, einige Gestalten dösen auf Bänken und Böden. Ich rufe meinen Namen, hinter der Rezeption taucht der Schädel des Nachtportiers auf. Er mustert mich feindselig. Sein Finger gleitet die Namensliste in einem nach Naphthalin stinkenden Buch entlang, meiner scheint nirgends auf. Schließlich entdecke ich einen Eintrag, bei dem die Abreise mit der meinen übereinstimmt, der dazugehörige Name allerdings lautet auf »Enssinger«. Daneben ist eine Handynummer notiert. Der Mann wackelt mit dem Kopf. Zu Recht. Inder sind Bürokraten, besonders um diese Uhrzeit. Ich lege mein Mobiltelefon auf den Tresen. »Try!« Er dreht die Wählscheibe eines uralten, schwarzen Apparates. Mein Handy brummt. Ich hebe ab. »Enssinger?« Er starrt mich an. Der Name ist falsch, aber Handys lügen nicht. Draußen geht die Sonne auf. Ein paar blütenreine

Gandhi-Köpfe wandern von Hand zu Hand. Augenblicke später halte ich den Zimmerschlüssel in der Hand. Die Straße hinunter rechts, Nebenhaus. Tourist Austria Enssinger in der Morgendämmerung von Mumbai.

In einem kleinen Park hockt ein Mann breitbeinig im Gras und massiert die Schenkel eines Kampfhahnes. Vielleicht bereitet er ihn auch nur auf sein Morgengebet vor. »Welcome to Mumbai!«, krächzt der Alte. Oder der Hahn? Ich wackle mit dem Kopf, ahne, von wem ich wenig später geweckt werde, steige ein paar Treppen hinauf, betrete einen muffigen Raum und öffne das Fenster. Der Hahn spaziert über den Kiesweg und bleibt mitten auf einem kleinen Rasenstück stehen. Majestätisch bläht er den Hals zum Kropf, reckt den Schnabel in den Morgensmog, holt tief Luft und tut einen Schrei, der so laut ist, als gälte es, ganz Maharashtra aus dem Tiefschlaf zu holen. Außer einen, der lässt sich genau in diesem Augenblick auf eine steinharte Matratze fallen. Welcome to Mumbai!

Eine Landung wie im Märchen
Mumbai, 16. Februar

Der Gockel lässt nicht locker. Nach drei traumlosen Stunden wache ich auf. Über mir dreht sich ein Monstrum von Ventilator. Durch die Jalousien fallen grelle Sonnenstrahlen und werfen Linien durch den Raum, als wären sie Teil eines Bildes der englischen Op-Art-Künstlerin Bridget Riley. Auf dem Fenstersims hockt eine Krähe und starrt mit bösen Augen auf den großen weißen Mann, der sich unter falschem Namen in ihr Reich geschmuggelt hat. Scharfe Federn kratzen gegen das Scherengitter. Eine zweite Krähe linst herein. Was sehen sie? Wer hat bis gestern hier gewohnt? Enssinger? Wie begreifen Vögel die Welt? Die letzte Spielzeit meines Theaters habe ich mit Aristophanes' gleichnamigem Stück eröffnet. Die Tiere errichten ihr Wolkenkuckucksheim. Was mit der »besten aller Welten« beginnt, endet in der schlechtesten – dem Faschismus. Mein geliebter Kumpel, der theatralische Querkopf Schulte-Michels hat inszeniert. Indem ich das Theater verließ, habe ich auch viele meiner Wegbegleiter verloren. Schumi war einer der Liebenswertesten.

Um ins Badezimmer zu kommen, muss ein Vorhängeschloss geöffnet werden. Das Hotel gleicht einer geschlossenen Anstalt. Mit abgekochtem Wasser putze ich mir die Zähne und stelle mich unter das eiskalte Rinnsal einer Dusche. Die Seife fühlt sich nach Klostein an. Vielleicht ist sie auch einer. Der allgegenwärtige Smog verfolgt mich bis hierher: Im Bad stinkt's nach Diesel. Kein Wunder, das Hotel heißt *Bentley's*.

Am Colaba Causeway liegt ein geschichtsträchtiger Ort. Das *Leopold Café* ist einer der Hauptschauplätze des Romans *Shantaram*, der bizarren Lebensgeschichte eines australischen Drogendealers, der in einem der unzähligen Slums Mumbais untertaucht. Das *Leopold* ist auch noch aus einem anderen Grund in die Schlagzeilen geraten. Vor Kurzem bekamen hier zehn Menschen ein paar Kugeln in den Kopf. Vier Tage später sperrte der Besitzer seinen Laden wieder auf, in der berechtigten Hoffnung, dass Verbrecher ihre Handschrift nie zweimal am selben Ort hinterlassen. Unzählige Löcher an den Wänden erzählen eine grausige Geschichte. Ich bestelle Toast, gefüllt mit einer undefinierbaren Pampe, und überlasse ihn dem unentwegt mit dem Kopf wackelnden Kellner. Täusche ich mich oder sehe ich in seiner Backe ein Einschussloch? Ich zahle und verlasse den Ort blutiger Facts and Fakes.

Das Gateway of India liegt in unmittelbarer Nähe zum *Taj Mahal Palace* Hotel und ist *das* Wahrzeichen der Stadt. Ein Willkommensgruß für all jene, die sich der Stadt vom Wasser her nähern. Es sollte Jahrhunderte dauern, bis sie alle wieder gingen. Ein klein gewachsener Mann, in der Rechten einen Wanderstab, auf der Nase eine Nickelbrille und an den Füßen ein Paar Sandalen, brachte es zuwege. Mahatma Gandhi war Rechtsanwalt. Am 30. Jänner 1948 stellte sich ihm ein fanatischer Hindu in den Weg. Der kleine, große Mann begab sich zum Gebet, das Hindus gleichermaßen galt wie Moslems. »Du bist zu spät«, sagte der Fremde. Unmittelbar darauf trafen Gandhi drei Kugeln, zwei in den Bauch, eine in die Brust. Die Kugeln töteten nicht nur die Ikone des gewaltfreien Widerstandes, sie galten der Vision, Religionen zu einen. Gandhi hatte einen gewaltfreien Kampf gewonnen, die Macht der Engländer wurde gebrochen. Das Todesurteil aber hatte eine andere Ursache. Sein Aufruf zur Versöhnung der Religionen führte letztlich zur Gründung zweier neuer, unabhängiger Staaten: Westpakistan, das heutige Pakistan, und Ostpakistan, Bangladesch. Der Mord war der Startschuss eines bis heute schwelenden Konfliktes. Auch das Gateway wurde Ziel eines blutigen muslimischen Terrorangriffes. Heute ist das Gebäude entsprechend geschützt, man muss einen Kordon von Polizeischranken überwinden, um es zu besichtigen. Wenn man drinnen ist, ist man schon wieder draußen. Mehr als ein Tor gibt's nicht zu sehen.

Im *Taj Mahal Palace* möchte ich ein Gläschen auf die Freiheit des indischen Staates heben. Die Revolutionsfeier muss allerdings verschoben werden. Weshalb? Ich finde den Hoteleingang nicht. Kein Witz. Keine Türe.

Ich spaziere durch ein Viertel, in dem ein monumentales Gebäude neben dem anderen steht: Kala Ghoda. Das größte Museum der Stadt befindet sich in einem traumhaft schönen Park gleich am Beginn der Mahatma Gandhi Road. Hier lagern die meisten ethnischen Kunstschätze Indiens. Ein anderes Haus, schräg gegenüber, zieht mich noch mehr an: Der sephardische Jude David Sassoon hat zu Beginn des 20. Jahrhunderts der Stadt ein »Haus der Weisheit« geschenkt. Der Mann konnte sich's leisten, sein

22

Vermögen machte er mit Opium. Nicht jeder Dealer aber spendiert gleich eine Bibliothek. Hundert Jahre später existiert das Legat immer noch. Über dem Eingang prangt ein Relief des Stifters: Mit Rauschebart und Turban grüßt der Jude seine Schüler.

Der Eintritt in die Bücherwelt ist mystisch und – stockdunkel. Ein Typ mit Bart und Turban steht vor mir. Er ist aus Stein. Die Hände hat er zum Himmel gerichtet.

»Yes, please?«

Ich sehe den Golem an. Spricht er zu mir? Jemand tippt mir auf die Schulter. Ich erschrecke.

»In the name of Mr. Sassoon, I welcome you!«

Ein Mann aus Fleisch und Blut wendet sich einem Berg von Schlüsseln zu und legt sie der Größe nach geordnet auf den Tisch. Ich sage, dass ich es wunderbar finde, der Welt Buchstaben zu hinterlassen, verneige mich vor dem versteinerten Mr. Sassoon, nicke seinem menschlichen Ebenbild zu und betrete den Garten des Hauses. Vögel hopsen durch das Gras. Wenn sie die trockenen, am Boden liegenden Blätter der großen Banyan-Bäume berühren, klackt es, als legten hinten in der Laube der Opiumhändler und seine Freunde Dominosteine auf die Tischplatte. Auf einer Bank strecke ich mich aus und schließe die Augen. Inmitten der unüberschaubar großen Stadt habe ich einen Platz der Ruhe gefunden. Wissen und Bücher machen es möglich. Lange liege ich da, im Schatten der Vergangenheit, so lange, bis es mich zu frösteln beginnt.

Gleich nebenan steht das *Esplanade Mansion*, vormals erstes Hotel der Stadt. Die Straße davor wurde nach ihm benannt. Ein Autobus kracht in ein Taxi. Der Fahrer springt aus dem Wagen, trommelt gegen die Scheibe des Buslenkers, tritt gegen die verbeulte Türe und verpasst dem Monstrum weitere Dellen. Ungerührt lässt der Chauffeur den Angriff auf sein Fahrzeug geschehen, legt unter Seufzen der schweren Maschine eine nachtschwarze Dieselwolke über den Tatort und löst sich vor den Augen der staunenden Menge in nichts auf. Resigniert steigt auch der Taxilenker in seinen ramponierten Wagen und entfernt sich, seiner Wut geschuldet, gegen die Einbahn fahrend. Schon bald ward auch er, gleich einem Zaubertrick des berühmten Magiers Copperfield, nicht mehr gesehen.

Die Gebrüder Lumière schrieben im *Esplanade* Stadtgeschichte: 1896 führten sie zum ersten Mal auf indischem Boden ein kinematografisches Experiment vor, das die High Society Mumbais entzückte. Die Sensation strahlt bis heute nach: Die hiesige Filmindustrie zählt zu den umsatzstärksten Wirtschaftszweigen des Landes. Längst ist das Esplanade eine verfallene Ruine. Betritt man das Gebäude, wähnt man sich in einem Bollywood-Action-Movie. Vor Kurzem krachte ein Balkon auf den Gehsteig und begrub zwei Menschen unter sich. Eine Unmenge von Messingschildern sind im Entrée angebracht. Advokaten und Versicherungen betreiben hier ihre Büros. Das scheint das Problem zu sein, das Haus ist im Besitz von Rechtskundigen. Eine Renovierung scheint nicht in ihrem Interesse zu liegen. Balkone abstürzen zu lassen und die Versicherungssumme zu kassieren, ist lukrativer.

Ich spaziere den Oval Maidan entlang, eine riesige Grünfläche, die für Kricket genutzt wird, vorbei an den beiden viktorianischen Trutzburgen Universität und High Court. Zwei Bahnhöfe ziehen mich an: die Churchgate Railway Station und der regierende Weltmeister in dieser Disziplin, der Chhatrapati Shivaji Terminus, eine Merkwürdigkeit, die weltweit ihresgleichen sucht. Es dämmert gerade und der Blick, der sich mir bietet, ist unbeschreiblich: eine indo-sarazenische Mischung aus Grottenschloss und Geisterberg. Von Weitem grüßt das Wiener Rathaus. Nie zuvor habe ich einen ähnlich bombastischen Kitsch gesehen. Blau-rot glänzt die Fassade, die Fenster grün, die Türme gelb, und die Mauervorsprünge, Nischen und Erker, wovon es jede Menge gibt, sind mit Glühlampen bestückt. Man traut seinen Augen nicht: Hogwarts, von Mumbais größenwahnsinnigsten Filmarchitekten nachgebaut und ausgeleuchtet.

Ich betrete die bombastische Kassenhalle, gleich dahinter erstreckt sich ein Labyrinth aus Wandelgängen, Couloirs und Foyers, die für die Krönungsfeierlichkeiten des englischen Königshauses herhalten könnten. Endlos viele Gleise enden hier, im größten Kopfbahnhof der morgenländischen Welt. Im Minutentakt kommen Züge an. Menschen hängen an den Türen wie doldenartige Wucherungen. Der erste Waggon eines jeden Zuges ist ausschließlich Frauen vorbehalten. An der Fahrerkabine, groß wie ein geräumiges Kontor, prangt das Schild »Motor Man«. Damit ist alles gesagt. Die Branche ist sauber gegendert, zumindest hier. In unzähligen Filmen spielte der Chhatrapati die Hauptrolle. Neben Millionen

Reisenden beherbergt der Bahnhof auch Heerscharen von Bettlern und Straßenkindern, die hier auf den Perrons ihr Zuhause haben. Vorsicht ist geboten: Über sie zu stolpern, heißt in die Welt der Unberührbaren einzutauchen.

Direkt hinter dem Monstrum hat ein Nachtmarkt seine Pforten geöffnet. Hier und jetzt erfüllt sich erstmals auf dieser Reise meine Leidenschaft für Street Food: Ein zu allem Entschlossener schaufelt Unmengen von Reis auf einen Blechteller, dazu Dhal, Curry und Mixed Pickles, das Ganze wird mit Schichten von heißen, frisch zubereiteten Fladenbroten versehen, nebst einem Vada Pav, einer Art vegetarischen Burgers bestehend aus frittierter Kartoffelmasse in einem weichen Brötchen (Pav). Das fertige Kunstwerk drückt er mir, garniert mit höllenscharfem Chutney und grünen Chilis, in die Hand. Dafür will er dreißig Rupien, das sind umgerechnet vierzig Cent. Nie zuvor habe ich eine köstlichere Mahlzeit genossen. Ich schlinge, schaufle, gaffe, werde begafft und schlinge und schaufle weiter, vergesse das Chaos rund um mich und bin mittendrin und lebe und bin glücklich – und bin angekommen.

Das Sahnehäubchen des Tages bildet das *Regal*, eines der ältesten Kinos der Stadt. Wer etwas auf sich hält, muss dort hinein. Um stramme zweihundertfünfzig Rupien leiste ich mir im Dress Circle den »ersten« Platz. Ein sündteures Vergnügen, aber es ist jeden Cent wert. Das Kino ist gesteckt voll. Es wird gegessen und getrunken, die Stimmung ist bestens. Plötzlich schnellen alle wie auf ein geheimes Zeichen von ihren Plätzen auf: Über die rie-

sige Leinwand flattert die indische Fahne. Mit einem Mal
herrscht Ruhe im Saal. Ehrfurchtsvoll, die Hand am Her-
zen, lauschen wir der Hymne. Danach geht's los: Party!
Der Streifen heißt *Aiyaary* und spielt in indischen
Geheimdienstkreisen. Die Sprache ist Hindi, ich verstehe
Bahnhof, kein Wunder bei meinem heutigen Programm.
Egal, ich bin der Zuschauer wegen hier und das entschä-
digt das Fehlen jeglichen Fachwissens. Mein erster Tag
in Indien geht zu Ende, wie er begonnen hat: in einem
Bollywood-Märchen.

Die Kuhherberge von Panjrapole
Mumbai, 17. Februar

Ich sitze im Study Center des Municipal Children's Park, so wie viele rund um mich. Der Platz der Stille inmitten dieser wirbeligen Metropole ist der Familie Shekhar zu verdanken, in zweiter Generation tätig bei der Stadtverwaltung Mumbais. Hier wird gelesen, geträumt und geschrieben. Das ist was für mich. Dahinter befindet sich ein riesiger Kinderspielplatz.

Was immer ich in Südostasien gesehen habe, es wird in den Schatten gestellt von dem, was ich in dieser Stadt erlebe. Mumbai ist unglaublich, in jeder Beziehung: Grell und laut und bunt und voller Leben. Mumbai ist der Wahnsinn! Hier nimmt niemand auf niemanden Rücksicht, am wenigsten auf sich selbst. Schon die Straßenseite zu wechseln, ist Abenteuer pur. Kreuz und quer strömen die Kohorten. Die Mutigen lassen sich treiben, inmitten von Lastenträgern, Kindern und Bettlern. Sie schieben, schubsen, stoßen, drängeln. Man stolpert vorbei an Krüppeln, Heiligen, Unberührbaren. Man plumpst in Löcher, gerät an Kühe, Ziegen und Hunde, verheddert und verkeilt sich in Massen von Menschen, von denen jeder, sein Ziel vor Augen, Gleiches tut. Handkarren, beladen mit meterlangen Stangen, Rohren, Eisenteilen sind ebenso unterwegs wie Fahrräder, Busse, Taxis, Motorräder. Die Polizisten, dem Ganzen nicht gewachsen, pfeifen und tröten, was das Zeug hält. Sie fuchteln mit den Armen, rollen die Augen, wackeln mit den Köpfen und schreien sich die Kehlen heiser, es nützt nichts. Der Moloch gehorcht eigenen Gesetzen. Der Starke gewinnt, der Schwache gibt nach. Einen Tag in Mumbai herumzumarschieren heißt, sich durchs Fegefeuer zu kämpfen. Es gibt nichts Aufregenderes, als auf eigene Faust in Maharashtras Hauptstadt unterwegs zu sein. Überlebenskampf pur.

Den haben die Kollegen meines heutigen Zieles bereits hinter sich. Ich marschiere die Maharshi Karve Road entlang, in Richtung Sonapur, einer Art Open-Air-Krematorium. Gegründet und gespendet wurde die gespenstische Location zu Beginn des 19. Jahrhunderts von Mr. Jagannath Shankarseth, Millionär und Menschenfreund, der seinen Landsleuten die ewige Ruhe geschenkt hat. In diesem »Vorraum des Schlafes« wird in Schichten gearbeitet, die Öfen brennen Tag und Nacht. Über den Holzstößen sind riesige Abzugshauben angebracht, wie sie in Großküchen hängen. Nur dass das Grillgut ungleich delikater ist. Dicke, runde Scheite, gut eineinhalb Meter lang, darüber das schmälere Zündholz. Die Toten sind in Tücher gehüllt, um den Hals tragen sie Blumenschmuck. Hindus müssen innerhalb von vierundzwanzig Stunden nach ihrem Tod verbrannt werden – und das öffentlich. Die Stimmung der Trauergemeinde ist alles andere als gedrückt. In der Regel bedeutet der Eintritt in ein neues Leben eine zweite Chance. Und die darf ruhig auch gefeiert werden, besonders wenn die Vergangenheit nur mäßig komisch war.

Mehr als eine Steinbüste ist von Mr. Shankarseth nicht übrig, die aber ist gut erhalten. Allerdings dreht er seinen

Schützlingen den Rücken zu. Hat er schon zu viel gesehen? Dabei hätte er seine Freude daran, die Branche brummt. Eine Lagerhalle ist bis unters Dach mit den unterschiedlichsten Hölzern befüllt. Und das Material ist alles andere als billig. Weitaus günstiger für die Hinterbliebenen ist das nahe gelegene Electric Crematorium. Hier wird die Sache umweltfreundlicher erledigt, allerdings auch weniger romantisch.

Die konventionelle Verbrennungszeremonie in Mumbai geht so vor sich: Ein junger Mann umkreist den Scheiterhaufen. Auf der Schulter trägt er einen Tonkrug, aus dem Wasser tropft. Bei der zweiten Umrundung wird das Leck größer geschlagen, bei der dritten noch etwas mehr. Danach landet der Krug am Boden, er zerbricht. Das irdische Leben hat ein Ende. Jetzt beginnt die Einäscherung. Am nächsten Tag kommen die Angehörigen und holen die Asche ab. Sie wird in ein Gefäß gefüllt, auf einen Fluss gesetzt und die symbolische Reise ins nächste Leben beginnt.

Einige Männer hocken in dem Bereich, der den Trauernden vorbehalten ist. Ich nicke und nehme Platz. Einer der Herren blickt mich feindselig an. Seine Augen laufen Gefahr, aus den Höhlen zu treten. »That's life«, brummt er, angesichts des Todes. Die anderen brüllen vor Lachen, und ich verstehe auf sehr einfache Weise etwas mehr vom Leben.

Zurück aus dem Reich der Toten nähere ich mich dem Mumbadevi Tempel. Er ist jener Göttin geweiht, die der Stadt ihren Namen gibt. Ihr will ich meine Reverenz erweisen, ich denke, das gehört sich so. Im Innenhof ste-

hen ihre unmittelbar Untergebenen, die heiligen Majestä-
ten – gut genährte Kühe. Gläubige versorgen sie mit frischem Gras. Die fetten Damen blinzeln mich träge an.
Vorsichtshalber murmle ich einer von ihnen ein nettes
Wort ins Ohr, man weiß ja nie. Draußen kann ich mich
kaum der Liebesbezeugungen eines Krätzigen erwehren,
der mich in einen heiligen Bund aufnehmen will. Er
umklammert mein rechtes Handgelenk und ist dabei, mir
dreckige rote Wollbänder umzubinden, als äußeres Zeichen innerer Reinheit. Ich habe Glück, eine Woge Men-
schenleiber spült mich in die Bhuleshwar Road, wo ich in
einem Marktgewirr von Tieren und Waren aller Art
lande. Zu beiden Seiten der Straße: Tempel. Keinen davon
nehme ich wahr, zu sehr nimmt mich das hiesige Leben
gefangen.

Ein Gewürzladen zieht mich an: »Mr. Motilal Masala-
wala« steht in roten Lettern über dem Geschäft, und ich
lese in meinem »gescheiten Buch«, dem *Lonely Planet*,
dass der Gewürzladen eine Anlaufstelle heimischer Haus-
frauen in Sachen Gaumenfreuden ist. Ich schnuppere
mich durch die Regale. Mr. Motilal nickt mir zu und
bleckt dabei seinen zahnlosen Mund. Ich erwidere den
Gruß – allerdings mit Zähnen. Zwei Herren unterschiedlicher Welten nicken mit den Köpfen. Der Duft göttlicher
Gewürze bewirkt Völker verbindendes Einverständnis.

In der nächsten Gasse stolpere ich über eine Seltsam-
keit: die »Kuhherberge von Panjrapole«. Was hat man
sich darunter vorzustellen? Sehr einfach, hier werden
Heiligtümer gemästet. Von wem? Von zahlenden Gläubigen. Und davon gibt's jede Menge. An der Kassa, gleich

neben dem Eingang, gibt man, was man gerne gibt. Entsprechend der Donation rollen Kugeln, geformt aus Rohrzucker und Getreide, in eine Blechbüchse. Man könnte auch einfach nur Gras kaufen, aber das ist zu banal. Der Kugelverkäufer verbietet mir zwar, zu fotografieren (den Gefallen kann ich ihm nicht tun, mein Verlag hätte was dagegen), verspricht aber als Folge der Fütterung spirituelle Reinigung. Wer kann das nicht gebrauchen? Ich nähere mich einem der Pferche und suche mir eine entsprechend dünne Kuh aus.

»Where are you from?« Ein Kindergesicht strahlt mich an. »Australia? You have money in Australia?« Ohne Umwege sind wir am Punkt. Rajiv heißt der Stöpsel. Hinter meiner biederen Maske vermutet er den alten Rothschild. Gefehlt. Aber wie ihm das beibringen? Rajiv wird deutlicher.

»Money!«

»And what do you give me?«, frage ich.

»Babys«, sagt er und deutet hinüber zum gegenüberliegenden Stall. Dort stehen die heiligen Bäuche. Gleich daneben ist die Säuglingsstation. Jede Menge Winzlinge purzeln herum.

»Yesterday born. Money!«

Unter seiner Anleitung füttere ich die Frischlinge und fühle, wie sich meiner eine innere Kraft zu bemächtigen beginnt. Rajiv sieht mich an. Ich zücke die Börse, eine kleine, schmutzige Hand fährt dazwischen und holt ein paar Rupien heraus. Gleich darauf ist der Kleine wieder da, in der Blechdose rollen vier Getreidekrapfen, das Restgeld steckt in seinem Hosenbund. Und er hat jemanden mitgebracht: seine Freundin Tina. Es scheint sich herumgesprochen zu haben, dass ein australischer Bankier die Säuglingsstation besichtigt.

»Money!«

Rajiv ist ein harter Fall.

»He is mental«, flüstert mir Tina zu und verdreht die Augen.

»You mean, crazy?«

»Mental!« Sie fuchtelt mit der flachen Hand vor ihrem Gesicht herum. Die Kugeln verschwinden in hungrigen Babymäulern. »Come!« Die Kinder laufen die Anlage entlang, ich versuche, mit ihnen Schritt zu halten, was nicht einfach ist, denn ich tappe alle naselang in Kuhfladen und drohe auszuglitschen. Rajiv und Tina haben auf die Schnelle eine Freundin organisiert und posieren jetzt zu dritt neben einem riesigen, gut im Futter stehenden Bullen.

»Father!«

Ich trete einen Schritt zurück und schieße ein paar Erinnerungsfotos. Die Kinder bekommen einen Lachanfall, ich stehe mitten in einer Flade. Tina klammert sich an mich. Ich sage »Shit« und tapse zum Ausgang zurück. Rajiv, Tina und die Neue warten schon auf mich.

»Money!«

Die Mädchen bekommen ein Abschiedsgeschenk. »Lord Shiva bless you!«, plappern sie. Ich wackle mit dem Kopf. Die Kleinen rühren mich. Sie haben sich ein schönes Fleckchen ausgesucht, ihr Leben zu beginnen. Nicht das sauberste, aber eines, das die Seele reinigt. Sie wackeln ebenfalls mit den Köpfen. Ich sage: »Thank you«, etwas anderes fällt mir nicht ein. Rajiv ergänzt: »In the name of the cows!« Damit ist alles gesagt. Die Kinder laufen so schnell sie können zwischen den Tieren, die hier Herberge nehmen, davon.

Draußen vor der Panjrapole Gaushala, der Kuhherberge, fallen mir einige seltsame Verkaufsstände auf, an denen ein begehrtes Naturprodukt verhökert wird: Kuhfladen. Drinnen wären sie noch gratis gewesen, hier kosten sie was. Getrocknet eignen sie sich bestens als Brennmaterial, auch als Opfergabe. Verbrennt man sie im heimischen Herd, wird der Geschmack der Speisen angeblich verbessert. Die Fladen gibt es übrigens in zwei Geschmacksrichtungen: Die hellen sind kostbarer als die dunklen. Rajiv und die Kinder haben es schon begriffen: Hier wird auch noch aus Scheiße Geld gemacht.

Die große Seele
Mumbai, 18. Februar

Es ist Sonntag. Marine Drive wird die Uferpromenade entlang der großen Bucht genannt. Ich habe noch keine prächtigere gesehen: Das Green vor dem Hotel *Galle Face* in Colombo, der Malecón in Havanna, die Uferstraßen von Piräus, San Sebastián oder Singapur, sie alle wirken alt gegen den Marine Drive in Mumbai: Fünf Kilometer am türkisfarbenen Wasser entlang. Hier auf der Prachtmeile stehen die Millionärsbuden dicht an dicht. Überall wird gehämmert und gebohrt, Gerüste werden errichtet und mit Tüchern, Blumen und bunten Schirmen geschmückt. Von Weitem schon sind die Trommeln zu hören, drängend, dem Rhythmus des Herzens nachempfunden. Die Musiker werden umringt von prächtig geschmückten Mädchen, die wiederum sind umgeben von Hochzeitsgästen. Alles dreht sich, schnell, immer schneller, begleitet von den Aufmunterungsrufen der Brauteltern. Die Tänze werden ekstatisch. Trommelschläge. Kostbare Gewänder glitzern in der Vormittagssonne. Die Frauen tragen Tonnen von Gold- und Silberketten, Armreifen, Schleier, Schals, sie sind in grellbunte Farben gehüllt, duftend nach Jatamansi, Ambra und Moschus. Hoch zu Ross der Zeremonienmeister, auch er in feinster Seide. In der Hand hält er einen kostbaren Sonnenschirm, auf seinem Schoß ein etwa fünfjähriges Mädchen. Sie symbolisiert das Ebenbild der Braut. Die

Kleine scheint einer Geschichte aus tausendundeiner Nacht entsprungen zu sein. Scheinbar geringschätzig nimmt sie das Treiben wahr. Nur dann und wann hebt sie ihr Köpfchen und bezeugt ihren Untertanen für diesen einen einzigen Moment huldvolle Aufmerksamkeit. Das Feenwesen trägt eine viel zu große Sonnenbrille. Jung und Alt klatscht in die Hände und wirbelt herum, der kleinen Braut zu Ehren. Sogar der Chronist wird von einem der Tänzer, der der Bräutigam sein könnte, in den Kreis gebeten.

Die eigentliche Hochzeitsfeier findet später auf den Rasenflächen der umliegenden Parks statt, an den festlich gedeckten Tafeln, abgeschirmt vom Sonntagsverkehr, durch den silberne Hochzeitskutschen im Minutentakt rollen, auch sie von Trommlern und Festgästen umringt. Zeremonien dieser Art kosten ein Vermögen, hunderttausendmal mehr als sich die, die mit ihren Familien nebenan am Strand von Chowpatty bei einer der Imbissbuden hocken und ihr bescheidenes Mittagsmahl einnehmen, vorstellen können.

Dort, wo das andere Mumbai feiert, finde auch ich mich ein. Die International Society for Krishna Consciousness bittet zur Ausspeisung. In einem Innenhof an der Vachha Gandhi Road, gleich neben dem Strand, findet die Party statt. Jeder ist willkommen. Ich bekomme einen Pappkarton in die Hand gedrückt, darauf ist ein köstlich scharfes Jain Bhel Puri, eine Speise der Jains – orthodoxe Vegetarier, die nichts zu sich nehmen, was durch Gewaltanwendung an Flora oder Fauna zum Verzehr gelangt. Das Pflücken von Früchten ist verboten, sie müssen vom

Boden aufgelesen werden. Aus Furcht, auf ein Lebewesen zu treten, beseln die Jains akribisch ihren Weg frei. Ich esse eine Mischung aus Pinienkernen, Zwiebeln, Petersilie, Kartoffeln, Kichererbsen, zerkleinertes Fladenbrot, Pfefferoni und eine Art Teigwarenreis. Ein kulinarischer Hochgenuss. Alle sitzen am Boden und schlagen sich, friedlich vor sich hinlächelnd, die Bäuche voll. Gottvoll das Linsen-Dhal mit Spinat-Paneer, vermengt mit gebratenen Pfefferonis, gekrönt von scharf eingelegten Mangostückchen.

Ein Mann gesellt sich zu mir und erzählt in astreinem Deutsch, wie gut ihm Europa, speziell Österreich und Wien gefallen, wie sauber und nett die Menschen seien und wie hervorragend ihm das Essen dort schmecke. Er liebe das alles. Besonders das Schweinefleisch habe es ihm angetan. Ich stelle mir vor, wie 1,3 Milliarden Inder gemeinsam mit der Wiener Bevölkerung vor dem Figlmüller am Boden hocken und Gebackenes in sich reinkrusteln. Die fröhlichen Jains, das herrliche Mahl, der Wien-Verliebte, heute wurde mir im Namen Lord Shivas eine Türe zum Nirwana geöffnet.

»Sollte ich durch die Kugel eines Verrückten sterben, werde ich lächeln.« Wenig später eröffnet sich mir gleich nebenan in einem kleinen Haus nahe der Back Bay, am Busen des Arabischen Meeres, eine andere Welt: Ich sitze in der kleinen Bibliothek des Mani Bhavan Gandhi Sangrahalaya. Dr. Mohandas Karamchand Gandhi, die »Große Seele« Indiens, hat hier gewohnt, gearbeitet, geschrieben und – gesponnen. Seine Kleider bestanden hauptsächlich aus groben Tüchern, die der Philosoph und Politiker in Heimarbeit hergestellt hat. Seine Sandalen, die randlose Brille, das Bett, das Spinnrad, all das ist hier zu besichtigen. Im ersten Stock dokumentieren Puppen sein Leben und unzählige Bücher sind archiviert, in denen seine Gedanken bis heute überleben. Ich vergesse die Zeit. Hier, inmitten von Millionen von Buchstaben, fühle ich mich beschützt.

Der Museumsdiener löscht das Licht. Draußen breitet der Himmel seine samtene Decke über die Stadt und in den Häusern und Hütten legen die Kinder Mumbais ihre Köpfe auf die Pölster. Ich packe meine Schreibsachen ein, die anderen Besucher sind längst schon gegangen. Im Vorraum hängt ein verblichenes Foto von Dr. Gandhi. Zwinkert er mir zu? Ist das möglich? Die Türe fällt ins Schloss. Doch, mir ist, als hätte er gelächelt – und wenn nur für den Moment einer kleinen Ewigkeit lang.

Liebe auf Rädern
Mumbai, 19. Februar

Mit Ahmed ist nicht zu spaßen. Er ist einer von vier Millionen Moslems, die in der Riesenstadt leben. Fünf Mal pro Tag ist das scheppernde Rufen des Muezzins zu hören. Dann ist Vorsicht geboten: Ein Fünftel der Bevölkerung fällt unmittelbar darauf auf die Knie. Über einen betenden Sohn Allahs zu stolpern, kann schwierig werden. Ahmed fährt Taxi. Er bringt mich zu einer der vielen Seltsamkeiten Mumbais. Am Rückspiegel baumeln ein paar Chilischoten, nebst einer Limone. Ich frage, wofür das gut sei. Wogegen wäre die bessere Frage. Ahmed sieht mich an, als wollte er mir einen Dolch in die Brust stoßen. Früh am Morgen ist der Verkehr entsprechend dürftig, eine Stunde später wäre der Blick verhängnisvoll gewesen. Bedächtig wendet er sich wieder nach vorne. Achmed hat die Fahrgeschwindigkeit nicht reduziert. Vielleicht gilt das Glücksgemüse all jenen, deren Fragen nerven.

Für die Fahrt quer durch Mumbai verlangt er zweihundert Rupien Fixpreis. Auf den Taxameter wird gepfiffen. Die Chilis schlackern. Ahmed vermeidet kein Schlagloch und davon gibt's hier jede Menge. Ich versuche ihn dazu zu bringen, die Zeituhr einzuschalten. Abrupt hält er und öffnet die Türe. Null zu eins. Wir brausen weiter in Richtung Mahalaxmi Station. Mitten auf einer Brücke bremst er jäh ab. Ich reiche ihm das abgezählte Geld und steige aus. Er gibt Gas, der Muezzin ruft. Ich stehe verloren am Geländer, neben mir eine Kuh, unter mir ein verwirrendes Muster an Bahngleisen.

Rechter Hand liegt das Dhobi Ghat, die größte Open-Air-Waschmaschine der Welt. Die Wäscheleinen haben es ins Guinness-Buch der Rekorde geschafft, länger als hier hängen sie angeblich nirgends. In den Wasserbecken, zwei mal zwei Meter groß, stehen die Wäscher. Die grünliche Brühe reicht ihnen bis zu den Knien. Unaufhörlich stapfen sie auf Wäschestücken herum, danach dreschen sie sie gegen die Beckenwände. Das Slum trägt den Namen Shanti Nagar, und das bedeutet »Stadt des Friedens«.

»You want to go in?« Eine junge Japanerin lacht übers ganze Gesicht, ihre Augen sind hinter dunklen Brillengläsern verborgen. »I'm travelling around India. Six months at least. My name is Tama. Tokyo. You know?«

»I know«, sage ich. »Schotti. Vienna.« Das Mädchen steckt mich in Sachen Travelling in seine linke Hosentasche. Sie läuft die Steinstufen hinunter, ich hinterdrein.

Ein baumlanger Kerl, einer der Slum-Keiler, versperrt uns den Weg. Pro Nase will er fünfhundert Rupien. Weit überzogen, mehr als 100 Rupien sollte man nicht bezahlen, das steht in jedem Reiseführer. Kaum hat der Mann den Preis genannt, dreht Tama sich um und geht. Ich versuche, ihn auf dreihundert (für mich) und zweihundert (für Tama) herunterzuhandeln. Diesbezüglich kann ich von Tama einiges lernen. Ich blieb stehen, also koste ich mehr. Unmittelbar darauf steht sie wieder neben mir und steckt mir heimlich ihren Anteil zu.

In Shanti Nagar leben mehr als fünftausend Menschen. Achthundert davon sind Dhobis (Wäscher). In winzigen Hütten hausen bis zu zehn Menschen. Tama und ich stolpern durch ein dunkles Labyrinth, vorbei an siechenden Alten, im Schlamm hockenden Frauen und greinenden Kindern. Auf Ölkanistern werden Chapatis geröstet. Wir waten durch aufgeweichte Erde. Wir sind, was wir sind: Touristen, die dafür zahlen, einen Blick ins Elend werfen zu dürfen. Auf verschlungenen Pfaden werden wir von einem Krüppel durch die Unterwelt dirigiert. Ich frage, wie die einzelnen Wäschestücke je wieder dort landen, wo sie herkommen. Der Mann spricht besser Englisch als ich. Er deutet auf eine Jeans, an deren Bund ein kleines weißes Stoffstück hängt, mit der Aufschrift »K-2-2«. »K ist das Areal und 2 steht für die Schlafstelle.«

»Und der andere Zweier?«

»Die Uhrzeit. Da muss es fertig sein.«

Die Abteilung für Jeans befindet sich auf den Wäscheleinen im ersten Stock. Auf den Dächern nebenan trocknen hunderttausend ident aussehende Blaumänner. Ich steige eine Hühnerleiter hinunter, stolpere und lande in einer Wasserpfütze mit grünem Schimmel obenauf. Tama kriegt sich nicht ein vor Lachen.

Irgendwann spuckt uns die Friedensstadt wieder aus, ich stecke dem Alten einen Fünfhundert-Rupien-Schein zu, eine Hand schiebt sich dazwischen und der Keiler sackt das Geld ein. Dreihundert gibt er mir zurück, wovon ich Tama hundert weiterreiche. Er hat längst vergessen, wie viel er anfangs verlangt hat. Auch wenn man anfangs unterschiedlicher Meinung ist, letztlich gehen in Indien doch alle zufrieden auseinander. »Good luck for you!«, sage ich zu Tama. Das Mädchen hört es nicht mehr, lachend verschwindet sie zwischen den Hütten der Elenden, den Einhundert-Rupien-Schein wie eine Trophäe in der Hand.

In Mahalaxmi besorge ich ein Bahnticket für die Fahrt zurück nach Colaba. Für sechs Kilometer Fahrt bezahle ich fünf Rupien. Umgerechnet sind das 0,06 Euro, und dafür geniere ich mich ein wenig.

Am Bahnhof Churchgate erwartet mich eine besondere Mission. Seit Jahren schon, der Seitensprung ins Privatime sei gestattet, bin ich der indischen Küche mit all meinen Sinnen verfallen. Das geht so weit, dass ich für mein Selbstgekochtes nur originales Thali-Geschirr verwende, auch die musikalische Untermalung muss stimmen, von den Bananenblättern, wie man sie im Süden des Landes als Teller verwendet, ganz zu schweigen. Einer meiner Sehnsuchtsfilme heißt *Lunchbox*. Eine zauberhafte Liebesgeschichte rund um, nebbich, die indische Küche. Eine zentrale Rolle darin kommt den Dabbawalas zu, Männern, deren Aufgabe es ist, die von Frauen mit viel Liebe am häuslichen Herd zubereiteten Speisen an deren Ehemänner zu überstellen. Kulinarische Liebesboten könnte man die Herren mit den kecken weißen Hütchen auch nennen. Bei uns wird die mittägliche Austragerei profan »Essen auf Rädern« genannt.

In Indien gelten Herstellung und Versand von Selbstgekochtem als Liebesversprechen. Die Köchin muss sich darauf verlassen, dass das auf die Reise geschickte Essen auch wirklich sein Ziel erreicht. Bei geschätzten zwanzig

Millionen Einwohnern in Mumbai ist das alles andere als selbstverständlich. Wer bitte hat schon die Straßennamen von sechshundert Quadratkilometern Stadtfläche im Kopf? Dazu braucht es, bei aller Liebe, eine ausgefuchste Logistik.

Viele der Dabbawalas können weder lesen noch schreiben, sie entstammen einer unteren Kaste. Die Codierung auf den vielstöckigen Blechbehältern ist gefinkelt und von Nichteingeweihten nur schwer zu durchschauen: Auf die Außenseite wird eine Kombination aus Zahlen, Buchstaben und Zeichen gekrakelt. Die empathischen Liebesboten sind sich ihrer Verantwortung wohl bewusst. Auf Handkarren, Fahrrädern oder zu Fuß transportieren sie täglich bis zu zweihunderttausend solcher Henkelmänner kreuz und quer durch die Riesenstadt. Die Effizienz ihrer Organisation verblüfft. Angeblich gibt es eine Statistik, der zufolge nur alle vierzig Tage eine der delikaten Lunchboxen verloren geht, also eine von acht Millionen. Das Räderwerk ist so ausgereift, dass sich Logistikunternehmen wie FedEx, UPS oder DHL auf Studienfahrt begeben, um vor Ort zu lernen.

Im Film *Lunchbox* passiert das Undenkbare: Eine der Boxen landet an falscher Stelle und es kommt, wie es kommen muss: Der Gaumengenuss stürzt den Ahnungslosen in einen Sturm der Gefühle, dem er sich nicht zu entziehen weiß. Das Missverständnis klärt sich nicht auf, die Unschuldigen werden einander nie erreichen. Ihre Liebe aber währt ewig.

Ich wollte den Weg der täglichen Liebesbotschaft nachvollziehen, tatsächlich war dies einer der Gründe, weshalb ich Mumbai als Ausgangspunkt meiner Reise wählte. Ich wollte Zaungast subkontinentaler Gefühlswelten werden.

»They will come at half past eleven, perhaps five minutes earlier!« Der Busfahrer der Linie 981 weiß Bescheid. Seit einer halben Stunde stehe ich an der Ostflanke der Churchgate Station auf Posten, das Spektakel der mittäglichen Reindl-Parade darf nicht versäumt werden. Punkt elf Uhr fünfundzwanzig ist es so weit, der erste Dabbawala erscheint. Innerhalb weniger Minuten sind sie alle da: Wie auf ein geheimes Zeichen hin treffen die sagenumwobenen Kuriere ein. Alle tragen kecke Hütchen, weithin sichtbares Zeichen ihrer Zunft. Und auch sonst sind sie schmuck gekleidet: weiße Hemden, gebügelte Hosen. Die Dabbas mögen nicht hoch oben stehen in der gesellschaftlichen Hierarchie, Standesbewusstsein aber haben sie.

Dosen knallen auf den Asphalt und werden nach Wohngebieten sortiert. Immer mehr Boten treffen ein. Ein Blechgebirge faltet sich auf, die Passanten müssen sich ihren Weg zwischen den Büchsen bahnen. Die Töpfchen, in denen bestimmt die köstlichsten Currys wabbeln, werden auf schmale Bretter geschlichtet oder auf Handkarren verladen, einige landen auch direkt auf dem Kopf der Träger. Das oberste Reindl-Geschoß bleibt den Chapatis (Brot) vorbehalten, darunter befindet sich das Palak Paneer (Spinat mit indischem Käse), dann das Chana Masala (Kichererbsencurry) und als Grundierung quasi und zuunterst der Safranreis. An dessen Stelle kommt auch das würzige Kartoffelgericht Batata Bhaji infrage, dazu Chicken Tikka Masala (Hühnchen in Joghurt und Tomate) sowie das allgegenwärtige Spaltlinsengericht Dhal, und, als krönender Abschluss, Dahi, eine Art selbst gemachtes Joghurt. Denkbar wäre auch: Patal Bhaji (geschmorter Spinat mit Nüssen), Puri (Fladenbrot, aufgebläht wie ein Kugelfisch), Alu Gobhi (Kartoffel und Karfiol in Kurkuma), Tawa Pulao (Masala-Reis mit Gemüse) oder ein überirdisches Masala Pav (in Butter geschwenktes Brötchen mit Gemüsefüllung). Das alles habe ich im Kino gelernt und auf meinem Herd nachvollzogen.

Eine Abordnung verlässt den Bahnhof in Richtung Jamshedji Tata Road. Schon die nächste Kreuzung ist eine erste, ernst zu nehmende Hürde. Sechs breite Boulevards treffen sternförmig aufeinander. Die Straßen gesund zu überqueren, verlangt höheren Beistand. Den haben die Herren: Sie sind dem Schutzheiligen des weltlichen Genusses, dem Gott Kamadeva, unterstellt. Um ein bisschen was davon abzukriegen, schließe ich mich einer der Karawanen an. Den (h)eiligen Essenszustellern und ihrem unauffälligen Trabanten gelten keine irdischen Verkehrsregeln, für sie ist das Gesetz der Liebenden zuständig, in dessen Auftrag sie unterwegs sind. Sobald die Gottgewollten die Straße betreten, bremsen sogar LKW-Trucks jäh ab. Jeder weiß um den delikaten Inhalt der Dosen. Die weiß gewandete Schlange, mit mir als Nachhut, erreicht die gegenüberliegende Straßenseite, an der das symbolträchtige *Eros Cinema* liegt, ein Kino, das zu Kolonialzeiten mit seiner kühnen Art-déco-Architektur für Furore sorgte. Ganz in der Nähe gibt es ein schattiges Plätzchen, an dem letztes Justieren stattfindet. Die Büchsen werden einer tieferen Systematik unterzogen. Diesmal wird pro Häuserblock geschlichtet. Einer der Walas, der Grandseigneur der Kolonne, ist mir bei seiner Ankunft im Bahnhof bereits aufgefallen, ein Aristokrat in Aussehen und Tenue.

Kurz vor zwölf. Gewiss wartet bereits ein hagerer Jüngling, Typus Staatsdiener, auf die heutige Sinnesattacke. Schüchtern sollte er schon sein, darauf legt meine Phantasie Wert, seine Anbetungswürdige gibt sich nicht für Rabauken her. Sendet er ihr ein hastig hingekritzeltes Poem zurück, das er in einer mit Chapati-Resten blank getunkten Etage des Blechkerls wie zufällig deponiert? Die Göttin irdischen Genusses am Beginn der Nahrungskette sehnt wohl schon den Augenblick herbei, da sich der errötende junge Mann dem verführerischen Duft ihrer Speisen hingibt.

In Windeseile ordnen und beschriften die Boten das wertvolle Gut erneut, dann zerstreuen sich die Delegationen in Einzelgänger und Gruppenläufer. Schwer beladen nehmen sie mit ihren Fahrrädern die letzte Etappe in Angriff. Manche wuchten sich das lange Tragegestell auf den Kopf, andere stoßen Handkarren vor sich her, auf denen die Dosenungetüme verzurrt sind. Ich trachte danach, meinen »Anführer« nicht aus den Augen zu verlieren, was sich leichter anhört, als es ist, bewegt sich die Gruppe doch überaus ambitioniert durch den mittäglichen Verkehr.

Zehn nach zwölf. Die Herren verfallen in Trab, immer mehr von ihnen verschwinden in den Seitengassen. Mein

Team läuft die Jamshedji Tata Road entlang, so zügig, dass ich Mühe habe, Schritt zu halten. Wir pflügen durch Mumbai, in Richtung Nariman Point. Autos, Busse, Motorräder, Ochsenkarren, Fußgänger, Kühe – alles steht still und nimmt Rücksicht auf den seltsamen Zug: ein Handkarren, darauf Trauben verschnürter Blechbüchsen, geschoben von zwei weiß gekleideten Herren, einer davon reichlich nervös, gefolgt von einem schweißüberströmten Traveller mit gezückter Kamera. Die Träger werden immer schneller. Sie wissen, es ist ein Wettlauf gegen die Zeit. Der in seinem stickigen Büro Schmachtende benötigt Seelenfutter. Die Walas erhöhen das Tempo, ich immer noch hinterdrein. Längst habe ich meine Tarnung abgelegt, weswegen mir die Kollegen bei jedem Überqueren der Straße bereits freundschaftlich zuwinken. Das Lauftempo wird erneut gesteigert. Tun sie es, um mich abzuschütteln?

Halb eins. Ich bin am Ende meiner Kräfte. Eine halbe Stunde schon hasten wir durch die Mittagshitze. Die wilde Jagd verlangt mir alles ab. Endspurt. Wir sind in der Madame Cama Road, nach vorne hin zum Marine Drive wird sie zur Sackgasse. Endlich halten die beiden Läufer. Zwölf Uhr achtunddreißig. Wir sind da. Die ersten Henkelmänner verschwinden in den Bürohäusern. Der Grandseigneur-Dabbawala entwirrt die Dosen und ordnet sie ein allerletztes Mal, indem er sie der Reihe nach auf das Trottoir stellt. Dann pflückt er eine Büchse, wie mir scheint, mit besonderer Sorgfalt heraus, wirft mir einen verschmitzten Blick zu und verschwindet im Hausflur. Der Moment ist gekommen. Bald schon vereint die

beiden jungen Liebenden: Duft (vorerst), Vollkommenheit (später) und Erfüllung (endlich). Der Übermittler all
dieser Genüsse ist abgetaucht in der dunklen Kühle des
Hauses und hastet hinauf in den ersten Stock. Der Mit-
läufer bleibt außen vor. Heute durfte ich teilhaben am
Kreislauf allzu menschlicher Sehnsucht.

Mein Blick fällt auf ein Messingschild: »Thai Massage,
First Floor«. Der schüchterne junge Kerl ist mitnichten
schüchtern, noch weniger Mann. Meine postpubertäre
Liebesphantasie stürzt in sich zusammen. In Wahrheit
hat eine Gruppe Professioneller von einer Restaurant-
kette Fast Food gegen den hastigen Hunger geordert.
Gewiss machen sich flinke Finger sogleich wieder an ihre
Arbeit. Oh, mein Gott. Das Geheimnis der Henkelmän-
ner ist gelüftet: Halbseidenes Licht fällt auf die Madame
Cama Road. Nachdenklich mache ich mich auf den
Heimweg.

Für meinen Freund
Mumbai – Udaipur, 20. Februar

Traurige Nachricht aus Wien. Heinz Petters, der große Volksschauspieler, ist tot. Ich habe ihn gemocht. Sehr. Was habe ich nicht alles mit ihm gemacht, als Regisseur, als Kollege, als sein Direktor. Er war ein Kind der Bühne, der seinen Beruf immer auch als Spielzeug begriff. Er hatte Freude daran und er schenkte sie weiter. Nie hat er sein Publikum getäuscht, wie so viele seiner Kollegen diesseits der Rampe. Heinz blieb die unbeschwerte Ausnahme.

Mein letzter Tag in Mumbai. Ich gehe die Ramchandani Marg entlang, in Richtung *Taj Mahal Palace* – ein Versuch sei mir noch gestattet. Unterwegs steppe ich noch schnell ins *Piccadilly*, mein bevorzugtes Frühstückslokal, auf einen kurzen, rabenschwarzen Kaffee. Der Besitzer ist Pakistani, er versteht sich darauf. In meinem kleinen roten Buch gehe ich die Eintragungen des gestrigen Tages durch. Vorsichtig schiebt der Kellner das Heft zur Seite und stellt den Kaffee auf den Tisch.

»Good journey!«

Ich hatte ihm gestanden, dass ich heute nach Udaipur will.

»By plane?«

Ich nicke.

»Much better.«

Mit dem Zug in die »Weiße Stadt« zu fahren, würde lange dauern. In Rajasthan werde ich noch genug Gelegenheit haben, mich ökologisch angemessener durchs Land zu bewegen. Ich nehme Abschied von meinem Stammlokal. Seltsam, wie schnell man heimisch wird.

Heute finde ich den Eingang ins *Taj*. Das Hotel sieht nicht nur aus wie ein Palast, es ist auch einer. Das Entrée liegt, unauffindbar für Neuankömmlinge, in einem angrenzenden Hochhaus. Security Check. Der Kasten ist radikal heruntergekühlt. In den Wandelgängen liegen üppige Teppiche, in denen man zu versinken droht. Lautlos schleiche ich durch die Couloirs. Ein Hüne von einem Sikh winkt mir vom anderen Ende des Ganges zu. Unsicher grüße ich zurück. Einem zweiten, dessen Gesicht von einem gewaltigen Schnurrbart in zwei Hälften geteilt ist, drohen bei meinem Anblick die Augen aus den Höhlen zu fallen. »Sir …!« Das Hotel ist für alle da, denke ich und gehe weiter. Macht mich mein nicht mehr friktionsfreies Äußeres verdächtig? Vier Tage Mumbai hinterlassen Spuren. Ein Dritter kurvt um die Ecke, stutzt und wackelt mit dem Kopf. »Sorry, Sir …« Der Erste fällt auf die Knie. Was will er, denke ich. Ich wende mich um. Der Glubschäugige ist inzwischen dicht hinter mir und taucht ebenfalls ab. In Höhe meines Gemächts verspüre ich einen Windhauch. Was zum Teufel? Ich wittere Raubtieratem. Ich bin nicht prüde, aber am helllichten Tag, mitten auf dem Flur eines der ersten Hotels Indiens … Hilfe suchend wende ich mich an den Dritten, aber auch der sinkt zu Boden und beginnt an mir herumzunesteln. Hier stehe ich und kann nicht anders. Drei baumlange Kerle von der Palastwache machen sich an mir zu schaffen. Glaubt man das? Der Kopfwackler tastet auf meinem

Oberschenkel herum, während der Augenroller das Wadl bearbeitet, das der Erste mit eisernem Griff festhält. Ich blicke an mir abwärts: Linksseitig stehe ich im Freien.

Man stelle sich vor: Ein Mann mit Rucksack, das Käppchen am Nischel, steht im Ground Floor eines der Top-Hotels dieser Welt, ihm zu Füßen ein paar Sikhs, Angehörige einer der stolzesten Ethnien Indiens, die ihm ans Eingemachte gehen. In welchem Film bin ich gelandet?

Die Auflösung: Am Flughafen Amsterdam habe ich im Schlussverkauf des Traveller-Ladens *Just in Case* eine Hose mit abnehmbaren Hosenbeinen erstanden. Nun vollzog sich just in dem Moment, als ich mir den Anschein gab, dem hier gebotenen Luxus mit größtmöglicher Nonchalance zu begegnen, der Worst Case eines kapitalen Toilettenfehlers. Der Zipp hatte sich entzahnt, das Hosenbein, dem Gesetz der Schwerkraft folgend, war zu Boden geglitten, ich hatte es wohl schon einige Schritte lang nachgeschliffen, daher der kühle Windhauch unten herum. Die freundlichen Herren haben (vergeblich) versucht, mich darauf aufmerksam zu machen.

Ich erinnere mich, dass vor einigen Jahren die Frau eines berühmten Entertainers anlässlich eines Dinners in einem Wiener Nobelrestaurant, kaum aus der Toilette zurück, das eine Bein ihrer Strumpfhose gleich einer Nabelschnur nachgeschliffen hat. Über diesen Fauxpas lacht die Seitenblicke-Gesellschaft Wiens heute noch.

Wie man weiß, bedarf es einer ruhigen Hand, das Ineinandergreifen der kleinen Biester eines Reißverschlusses wiederherzustellen. Borsten eines Schnurrbartes streichen über mein Knie. Die Turbantraube bricht in schallendes Gelächter aus. Meine wahre Sorge ist, dass mir die Sikhs die Hose abschwatzen, um sie in der hauseigenen Schneiderei zu verarzten. Ich gestehe, bei großer Hitze erleichtere ich mir gerne das Leben, indem ich auf Dessous verzichte. Das bitte würde der Peinlichkeit die Krone aufsetzen! Ich kralle meinen Hosenbund fest, während die Herren ganze Arbeit leisten und, ehe ich mich versehe, ist das Übel behoben und der Zipp gegengleich eingebörtelt. Die Herren verneigen sich und eilen kopfwackelnd den Gang entlang. Ich glaube, sie werden den kleinen Vorfall ebenso wenig vergessen wie ich. Das *Taj*, so viel steht fest, sieht mich in diesem Leben nicht wieder. Mit hochrotem Plutzer stürze ich ins Freie und widme die kleine Szene – wem schon, meinem Freund Petters, der in so manchem Feydeau-Schwank, zum Gaudium des Publikums, mit schöner Regelmäßigkeit die Hosen verlor …

Im Taxi geht es danach quer durch die Stadt zum Chhatrapati Shivaji International. Die Straßen sind unpassierbar, die Stadtautobahnen ebenso, von den zahlreichen Fly-overs ganz zu schweigen. Der Moloch atmet. Wir passieren Dharavi, einen der größten Slums des Landes. Zahlreiche Filme wurden hier gedreht, *Slumdog Millionär* zum Beispiel. Eine Million Menschen leben hier in Löchern, die einem Tier nicht zuzumuten wären. Für die gleiche Fahrt, die mich vor Tagen in entgegengesetzter Richtung 1800 Rupien gekostet hat, zahle ich heute einen Bruchteil davon, immer noch eine Summe, von der eine vielköpfige Familie in Dharavi zumindest einen Monat überleben könnte.

Eine knappe Flugstunde später setze ich im Land der Könige auf. Wie immer habe ich im Backstagebereich des Vogels gebucht. Nach dem Abschnallen der übliche Stau im Mittelgang. Ein Steward verneigt sich vor mir – ich möchte doch den hinteren Ausgang benutzen. Eine Gangway dockt an, ich schwebe wie die leibhaftige Nummer siebenundsiebzig der Singh-Dynastie von Udaipur jener Stadt entgegen, die heute noch von Nachkommen des Mewar-Geschlechts regiert wird, genau genommen vom gegenwärtig sechsundsiebzigsten Nachfolger des Maharana Udai Singh aus dem altehrwürdigen Geschlecht der Rajputen. Während sich das Fußvolk durch das schmale Arrival-Gate quält, werde ich direkt in den VIP-Bereich komplimentiert. Weshalb mir diese Ehre zuteil wird? Keine Ahnung. Wahrscheinlich handelt es sich um eine Verwechslung. Vielleicht liegt es auch an meinen perfekt gezippten Beinkleidern. Im Hauptgebäude passiere ich die salutierende Security-Garde, nehme die Parade der Gepäcksbänder ab, nicke nach links und nach rechts und bewege mich in Richtung Ausgang, wo mich bereits ein freundlicher Abgesandter meiner Unterkunft erwartet.

Bei der Ankunft ist Schluss mit lustig. »Over there!«, bellt mich der Taxifahrer an. Dieselwolke. Kein Hotel weit und breit. Aus der Dunkelheit schält sich ein Mann, spuckt vor mir aus und verschwindet. Ein Mopedfahrer schießt mich beinahe ab. »Gajkaran Haveli? Over there!« Er deutet ins Dunkel zu einer der Hausruinen. Aus einer Stalltüre glotzt mich das nationale Heiligtum einer Kuh an. Die Rezeption ist über einen Hühnersteig zu erreichen. Eine Viertelstunde später erscheint der Besitzer des Etablissements, weist mir unter vielen Verbeugungen ein Verlies von einem Zimmer zu, bittet mich auf die Dachterrasse, von wo aus man eine prächtige Aussicht über den See hat, und stellt mir ein tadelloses Abendessen hin. Ich habe einen Bärenhunger. Das Curry ist scharf wie die Hölle, ich bin in Rajasthan gelandet. Ich erhebe ein pitschkaltes Glas Bier auf meinen Freund Heinz Petters und – auf ein Paar frisch renovierter Hosenbeine der Marke *Just in Case* ...

Glück
Udaipur, 21. Februar

Die Trommeln lassen mich Raum und Zeit vergessen. Dumpf hören sie sich an, unheimlich, später fordernder, schneller, immer schneller, als möchten sie explodieren: die Trommeln von Udaipur. Die dicht an dicht stehenden weißen Häuser schaffen einen Klangkörper, der alles in Schwingung versetzt. Ich liege auf dem Dach des Lake View Restaurants am Gangaur Ghat und genieße die Aussicht über den Pichola-See, den zauberhaftesten der zahlreichen Seen, die das Stadtgebiet mit dem Umland bis hin zu den Ausläufern des nahen Aravalli-Gebirges verbinden. Im 16. Jahrhundert war hier noch Sumpfland. Heute ist Udaipur eine der malerischsten und romantischsten Städte Rajasthans. Dicht bewaldete Hügelketten bilden einen natürlichen Schutzwall. Ich blicke über die Dächer der Altstadt. Streifenhörnchen huschen wie kleine, drollige Gespenster an mir vorbei, halten an, rümpfen ihre Nasen, putzen sie und setzen ihre purzelnde Verfolgungsjagd zwischen Dachvorsprüngen und Mauernischen fort. Die Trommeln jenseits des Sees, die eine bevorstehende Hochzeit ankündigen, verstummen. Von unten ist jetzt nur mehr das aufgeregte Hupen der Tuk-Tuk-Fahrer zu hören, die sich ihren Weg durch die Gassen bahnen.

Für den morgigen Tag habe ich hier im Restaurant einen Kochkurs gebucht, also nehme ich die Gastfreundschaft des Wirtes gerne in Anspruch. »Go upstairs, you will see the most beautiful roof terrace you've ever seen!« Er hat nicht übertrieben. Bunt bemalte Tische stehen da und, in Kombination mit dem Haus, wie ein verkehrtes Ausrufezeichen ein Himmelbett, das seinem Namen alle Ehre macht. Auf Pölstern und Tüchern mache ich es mir bequem, die zur Seite gerafften Vorhänge geben die Aussicht über Dächer und See frei.

Drüben, zwischen den schmalen Häusern, setzt sich der Zug der bunt gekleideten Trommler erneut in Bewegung. Stampfende Rhythmen, drängend, dann zart, beinahe liebevoll – die Hochzeitsgesellschaft bekommt das volle Programm. Ich warte auf den Sonnenuntergang. Unter mir, im Hof des Bagore-ki-Haveli, eines der Paläste der Stadt, beginnt gerade eine Tanzvorführung. Heute Vormittag habe ich ihn besichtigt, er beherbergt ein sehenswertes Museum, das die märchenhafte Phantasie indischer Architekten, Bildhauer, Holzschnitzer und Freskenmaler widerspiegelt. Einen ganzen Saal voll mit lebensgroßen Puppen gibt es da: Man fühlt sich zu Gast bei einer Audienz eines Rajputen-Fürsten längst vergangener Tage. Das Herrenhaus stammt aus dem Jahre 1751, es besitzt hundertachtunddreißig Zimmer. Drüben überquert der Musikzug die Brücke, die den See an seiner schmalsten Seite mit der Stadt verbindet, und marschiert zum Haus der Braut. Der Lärm ist ohrenbetäubend. Sogar die Streifenhörnchen werden nervös. Sie retten sich in meine Nähe und blicken mich aus angstvollen, kugelrunden Augen an. Die buschigen Schwänze zittern – sie sind eng an die kleinen Körper geschmiegt.

Udaipur hat viel zu bieten. Auch der Stadtpalast des Sisodia-Geschlechts ist von bemerkenswerter Schönheit. Ein riesiges Geflecht aus mehreren eigenständigen Palästen, die die Maharanas, die Fürsten, über die Jahre verbinden ließen. Er ist der größte hoheitliche Baukomplex Rajasthans. Verwinkelte Gänge mit zum Teil niedrigen Decken verbinden Räume und Höfe. Die Beschwernis, von einem Komplex zum anderen zu gelangen, machte Sinn: Es verunmöglichte das Eindringen bewaffneter Feinde.

Blecherne Musik tönt aus einem der Innenhöfe des Palastes, in dem die Tanzvorführung in vollem Gange ist. Ich verabschiede mich von meinem Hochsitz und den Backenhörnchen, die längst über alle Simse sind. Mein Ziel ist das andere Ufer. Dort, in einem kleinen Restaurant, will ich zu Abend essen. Noch bin ich der einzige Gast, es ist kurz nach Sonnenuntergang. Ich nehme Platz. Der Ausblick trifft mich unvorbereitet. Das prächtigste Panorama, das sich denken lässt, liegt vor mir: Paläste, Brücken, Ghats. Alles spiegelt sich im Wasser des Sees, alles ist festlich beleuchtet. Man ist versucht zu sagen kitschig, nein, es ist einfach nur schön, schöner, als das Wort »schön« es zu beschreiben vermag. Ich bestelle Tandoori Masala Chicken Curry, reichlich scharf, wenn man bitten darf. Auf dem Dach nebenan wird ebenfalls eine Hochzeit vorbereitet.

Weit draußen im See liegt eine kleine Insel, in deren Mittelpunkt der Tempel Jag Mandir steht. Glühlampen beleuchten Mauern, Erker und Balkone. Das Gebäude erstrahlt in Weiß und Rosarot. Devendar, mein

Tandoori-Beauftragter, folgt meinem Blick: »Very expensive!« Zur Bekräftigung wackelt er mit dem Kopf (das indische Pendant zu unserem Nicken). Vom anderen Stadtufer ertönt fröhliches Geschrei. Auf den Inseln trommeln sie ihre Antwort an die Kollegen vom Festland. Von der Zeremonie nebenan weht der Wind zärtliche Melodien herüber.

An dieser Stelle sei eine Anmerkung zum Begriff »Glück« gestattet. Das, was ich soeben erlebe, ist überwältigend. Es berührt mich zutiefst. Glück hat nichts mit Zufall zu tun, noch weniger ist es unverdient oder ein Geschenk, und schon gar nicht bedeutet es Überfluss. Lässt es sich nicht auch als Erkennen des Augenblicks beschreiben, als Vollkommenheit bewussten Erlebens? Ich empfand es, als ich zum ersten Mal in die Augen der Frau blickte, die ich liebe. Und ich empfinde es jetzt, hier und in diesem Augenblick, in dem ich die makellose Schönheit dieser Nacht erfahre: die Harmonie des goldenen architektonischen Schnittes jahrhundertealter Baukunst, das Zusammenspiel von Farbe und Licht, die Fröhlichkeit und Lebenslust der Menschen, das unbeschreiblich göttliche Tandoori-Hendl mit Biryani und Minzsauce, g'schamster Diener. All dies darf ich genießen. Hier und jetzt. Und das Entscheidende: Ich erlebe es bewusst, in eben diesem Augenblick. Auf euer Wohl, ihr Götter und Schamanen, ihr überirdisch Klugen und ihr unterirdisch Dummen. Ich erhebe das Glas auf euch. L'chaim! Auf das Leben! Auf meinen Freund Heinz! Lass es dir gut gehen, alter Kasperl, in deinem neuen Engagement und lerne brav den Text auswendig.

Ein Denkmal für ein Pferd
Udaipur, 22. Februar

»Are you cook?«, fragt Kailash, Chef des Kochkurses, den ich im *Lake View* gebucht habe. Bisher hatte ich allen diesbezüglichen Versuchungen widerstanden, die Aussicht auf ein Gruppenerlebnis hat mich abgeschreckt. Einmal bin ich schwach geworden – in der Ha-Long-Bay, Vietnam, auf einer schmucken chinesischen Dschunke. Mit spanischen Touristen gemeinsam bekam ich den Unterschied zwischen Erdäpfeln (Kartoffeln) und Karfiol (Blumenkohl) erklärt. Das anschließende Schneiden eines Paradeisers (Tomate) stellte den Höhepunkt dar und meine endgültige Abkehr vom Rudeltourismus. Diesmal habe ich einen Lehrer für mich alleine. Ich sagte es schon: Auf indische Küche verstehe ich mich. Aber was gilt laienhaftes Wissen gegen professionelle Unterweisung? Heute ist es so weit.

»No, I'm not a cook, but …«

»But?« Kailash sieht mich skeptisch an.

»But means but«, sage ich und damit belasse ich's. Kailash verpasst mir eine gelbe Schürze, wie er selbst eine trägt. Ein Vertrauensvorschuss. »What's that?« Er deutet auf eine Zwiebel und ich ahne Schlimmes. »Ein Erdapfel«, sage ich auf Deutsch. »Okay, cut the onion and we will cook it.« Am Zwiebelbrett trennt sich der Spreu vom Weizen. Querschnitt, Längsschnitt, Schnitt, Schnitt, Schnitt. Ich kann das.

»You are a cook, Michael, Sir!«, sagt Kailash und schiebt mir die Gewürze hin.

Ich passiere die gekochten (!) Zwiebeln und ein paar Tomatenschnitze, röste gepressten Knoblauch in reichlich Öl, würze mit Koriander, Kurkuma, Chili und Salz, reduziere, bis es duftet. Tomaten und Zwiebeln zufügen, schmoren und eindicken, mit wenig Wasser nacharbeiten – fertig ist die Basis für das himmlisch smoothige Curry. Inzwischen schmurgelt das klein geschnittene Gemüse, bis es bissfest ist, ich füge es hinzu und reduziere alles noch einmal. Huhn oder Fisch, je nach Gusto, vorher braten, in der Sauce hochschocken und unter Zugabe von etwas Wasser im Topf köcheln. Jetzt geht's zu den Chapatis.

»You like it, Michael, Sir?«

Wir klatschen ab. Ein Küchenjunge kümmert sich um die Frühstücksbestellungen.

»It's your turn, Michael, Sir!«

Ich füge dem Kichererbsenmehl etwas Salz und Wasser hinzu und rühre. Der Meister schwappt Öl in die Schüssel und knetet final. Der Teig ist bereit für die (ohne Butter oder Fett erhitzte) Chapati-Pfanne. Pampe wird zur Kugel, Kugel zu Laberl, Laberl zu Flade (circa 30 mm dick). Jetzt ab in die glühend heiße Pfanne, wenden, und, wenn vorhanden, mit einer Zange übers offene Feuer halten. Der Teig bläht sich auf zu einem Kugelfisch.

»You like it, Michael, Sir?«

Wir klatschen die Fünf, der Kochkurs ist zu Ende. Bestellungen aus dem Gastraum kommen im Minutentakt herein, der Meister mag sich nicht länger um seinen

Schüler kümmern, der verliehene Titel »Michael, Sir« muss für den Moment reichen. Kailash bittet mich einen Stock höher, Verkostung steht am Programm. Profis verstehen unter »Kochen« mehr als Speisen zubereiten und »Essen« bedeutet mehr als Nahrungsaufnahme. Selten zuvor habe ich ein so seidenzartes Curry auf den Teller gebracht. Ich wusste, wie man »Kochen« buchstabiert, aber das Wort »Meisterschaft« war mir fremd. Danke, Kailash, Sir!

Das Buch *Kleine Kritik der kulinarischen Vernunft* bringt die Begriffe »Denken« und »Essen« in Kongruenz. Den Titel bitte sich auf der Zunge zergehen zu lassen. Das Buch ist es wert, verschlungen zu werden. Haben Sie gemerkt? Zwischen den Worten »Titel« und »zergehen« sowie zwischen »Buch« und »verschlingen« wird eine Verbindung hergestellt. Bei »Wissensdurst« oder bei »Hunger nach Erkenntnis« ist es nicht anders. Wenn essen denken bedeutet und kochen schreiben, steht neben dem Baum der Erkenntnis jener des Genießens. Akademische Analyse führt zwar zur Erklärung von Phänomenen, erweist sich aber als Gegenteil von Sinnlichkeit. Am Herd braucht es anderes. Denken? Vergiss es. Geschmack und Gefühl sind gefragt. Man hat's oder man hat's nicht. Erlernbar ist es nur bis zu einem gewissen Grad. Allein der Duft eines Gewürzes löst Erfahrungserlebnisse aus, die kaum zu beschreiben sind. Es liegt an der Bereitschaft, sich kulinarisch verführen zu lassen. Das Wissen um ein Rezept bedeutet allerdings keineswegs, das Gericht auch nachkochen zu können. Gefühl und Sinnlichkeit machen die Kunst der Küche aus. Ein Zuviel oder Zuwenig bringt alles ins Wanken. Die traditionelle indische Oma-Küche ist dem Westen um ein Vielfaches an Raffinement voraus. Unnötig zu sagen, dass Kailashs Reich ein dreckiges Loch ist, bestehend aus Gaskocher, Schneidbrett, Messer, Blechlöffel und Eisenpfannen. Aus Bulthaup'scher Sicht frühe Steinzeit. Technik spielt keine Rolle. Gefragt ist Gefühl.

Am Nachmittag unternehme ich einen Ausflug zum Fateh Sagar Lake. Der Weg ist leicht zu finden. Der Besitzer des Kuhstalls, der meine Unterkunft ist, schärft ihn mir ein: »Links – links – links – rechts.« Ich vertraue ihm und irre durch Gassen, über Brücken, Wege, wieder über Brücken, wieder durch Gassen, über Plätze, ich frage, man deutet, ich gehe zurück. Nein, doch nicht. Doch. Verwirrt mache ich bei einem Marriage Field halt und kann mich nicht sattsehen an den Vorbereitungen für das bevorstehende Hochzeitsfest. Frauen hocken in einer Garage und häckseln und schneiden, um sie herum Berge von Gemüse und Kräutern. Männer sind um die Feuerstellen versammelt, schüren Glut, schleppen Wasser, kochen Tee. Die Honoratioren stehen abseits, begutachten, kommentieren. Im Hof werden Tanzboden, Musikerpodest und die Loge für das Brautpaar errichtet. Üppiger Blumenschmuck, Tücher, Teppiche verwandeln die an einen Zirkusplatz erinnernde Location in ein Märchenland aus tausend und dieser einen Nacht.

Ein Mann spricht mich an, woher ich käme, was ich wolle. »Austria«, sage ich und sicherheitshalber: »No kangaroos!«

»Australia?« Der Mann stellt sich als Shaveji Hussein vor. »I'm the bride-father. Muslim.«

Das Zusammenleben der beiden größten Religionen Indiens funktioniert, zumindest im Angesicht der bevorstehenden Feier.

»Alone?«, fragt Shaveji.

»Yes and no«, sage ich, und bevor ich mich noch erklären kann, fällt er mir ins Wort: »I understand. Like me. Yes and no!« Er lacht, trommelt mir vor Freude auf die Schulter, sein Freund kriegt ebenfalls ein paar Fausthiebe ab und dann erzählt er von seiner Frau, die, wenn sie unterwegs sind, viel zu viel isst. Deshalb zieht er meist alleine los.

»Ich reise, um Geschichten zu sammeln«, sage ich, »my wife is a teacher.«

»Teaching kangaroos?« Shaveji brüllt vor Lachen und wieder bekommen die Umstehenden ein paar übergebraten. »Thank you for the lesson!«

Ich bin mir nicht sicher, wie er das meint. Ich frage ihn nach dem Weg zum See. Er schwingt sich auf seine Honda. Steine spritzen, Kinder flüchten, Kühe glotzen und in wenigen Minuten erreichen wir den zauberhaften Fateh Sagar Lake. Ich steige ab und wir klopfen einander auf die Schulter. »Yes and no!« Er schreit vor Lachen und braust davon. Am Ende der Straße steht eine kleine Moschee. Wahrscheinlich wird er drinnen ein kleines Nickerchen machen, in Vorbereitung auf den heutigen Abend, im Bewusstsein, dass der Mensch ja doch alleine ist, immer gewesen ist und, entgegen anders lautender Meinungen, es auch immer bleiben wird. Besonders, wenn man eine verfressene Frau hat.

An der Ostseite des Sees besteige ich einen Hügel, von

dem aus man eine herrliche Aussicht über Udaipur hat und auf dessen Spitze ein schönes Denkmal steht: Es stellt den Feldherrn Maharana Pratap dar. Majestätisch sitzt er auf seinem Pferd, den Säbel hochhaltend, als wollte er die Wolken teilen. Mit diesem Standbild aber wird nicht der Reiter gewürdigt, im Mittelpunkt steht das Pferd. In der Schlacht von Haldighati beschützte es seinen Herrn mit seinem Leben. Ein ganzer Hügel für die Treue eines Tieres, das finde ich bemerkenswert. Mir kommt Shaveji in den Sinn, der seiner Frau ruhig ein bisschen mehr Essen gönnen dürfte, seiner Würde als Familienfeldherr wäre dies gewiss nicht abträglich.

Quer durch Rajasthan
Udaipur – Jodhpur, 23. Februar

Ich packe. Am Nachmittag werde ich den Bus nach Jodhpur nehmen. Dann sitze ich auf der Terrasse, blicke über den See und auf den gestrigen Tag zurück. Später lasse ich mich durch die engen Gassen treiben. Ich tempelhüpfe über die Fahrbahn, um nicht in Kuhfladen zu landen.

In einer Seitengasse stehen ein paar schmucke Häuser. An einer der Wände hängt ein Schild: »Painting Hero«. Darunter sitzt ein Mann, der wie Gustav Klimt aussieht. »Are you painter?«, grunzt er. Ich sage, dass ich nicht einen einzigen Pinselstrich zustande bringe, aber dass ich schreibe und dass ich aus Wien käme. »Klimt«, sagt er und schürzt die Lippen. »Kolo Moser. Wiener Werkstätte!«, radebrecht er. »Art is truth of live. We have to tell our stories to the next generation.« Er faltet die Hände. Klimt lebt, sogar hier, am anderen Ende der Welt. Und mit ihm die Erkenntnis, dass uns Kunst das Leben erklärt.

Bei *Meera Family* bestelle ich ein Coconana Lassi, ein Joghurtgetränk, dessen Fettgehalt die Schärfe des Essens mindert. Lassi gibt es in verschiedenen Geschmacksrichtungen. Neben der Türe steht: L – ASS – I. Ich bin am Arsch der Welt. Ich wusste nur nicht, dass er so gut schmeckt.

Zwei Gassen weiter sticht mir das *Queen's* ins Auge, das wohl kleinste Lokal am westlichen Seeufer. Es besteht aus nur einem Raum, im Zivilberuf wohl der Wohnraum der

Familie. Seit Jahrzehnten ist hier nicht mehr gelüftet worden. Ich brauche Zeit, um mich an die Dunkelheit zu gewöhnen. Erst jetzt bemerke ich einen Mann, der mich unverwandt anstarrt. Ein paar Stufen führen hinunter zu einem hinteren Raum. Tiefe Sofas, auf denen Berge von Pölstern liegen, ein Tisch. Ich nehme Platz, wie der verlorene Sohn, der nach langer Reise zurückkehrt. Der Alte sieht mich immer noch an, dann fragt er mich kaum hörbar, was ich hier will. »Essen«, sage ich. Er legt ein abgegriffenes Stück Pergament auf den Tisch. Einige Zeit passiert nichts, außer dass ich das völlig vergilbte Papier drehe und wende, was mir schwerfällt, denn es ist so porös, dass es zu zerfallen droht. Der Alte hat Platz genommen. Er beobachtet mich. »Today only Aubergine Curry.« Er angelt nach der Menükarte, kringelt etwas ein, erhebt sich und verschwindet in der Küche. Von draußen höre ich eine weibliche Stimme.

An der Wand hängen zwei gerahmte Fotos. Auf dem einen sehe ich ein junges Paar, das am Ufer eines Sees steht. Daneben hängt das Bild eines Soldaten, einige Herren in Khaki-Uniform verleihen ihm eine Auszeichnung. Eine kleine Plastikblume ist im Rahmen festgeklemmt, daneben klebt ein Zettel, auf dem »1912« steht. Seit damals blickt der junge Mann in den kleinen, düsteren Raum, der sein Zuhause war.

Ein Lichtstrahl fällt auf den Tisch. Der Alte schleppt sich zurück und schiebt mir ein Stückchen Chapati in den Mund. »No Aubergine Curry.« Aus der Küche höre ich ein Grunzen. Eine steinalte Frau erscheint und stellt ein Schälchen mit Zwiebelsauce auf den Tisch. »No Aubergine Curry.« Philemon und Baucis nehmen neben dem Tisch Aufstellung und beobachten das Gastmahl des Fremden. Das einfache Gericht schmeckt vorzüglich: Die Sauce ist cremig und das Chapati fluffig, ganz so, wie sich's gehört. Ich weiß das, ich bin immerhin bei »Kailash, Sir« in die Lehre gegangen. Die beiden Alten können sich nicht sattsehen am Anblick des Hungrigen, wahrscheinlich bin ich nach Abzug der Briten ihr erster Gast. Ich drücke ein paar Mal auf meine Nikon, dann verabschiede ich mich und wünsche ihnen ein langes Leben. Zwiebelsauce senkt den Blutdruck. Die beiden halten gewiss bis zur Ankunft des nächsten Fremden durch. Nur eines werden sie nicht mehr erleben, die Rückkehr des Soldaten.

Es ist Nachmittag. *Jain Travels* macht seinem Namen alle Ehre. Die Firma ist sichtlich darauf ausgelegt, im Bus so viele Strafgefangene wie möglich zu transportieren. Oben, im Gepäcksnetz, sind die Liegeplätze. Dort kann man sich ausstrecken, wäre man alleine. Davon ist heute keine Rede, das Bett muss man sich mit anderen Reisenden teilen. Dann schon lieber unten. Ich habe »Seat« gebucht, Parterre, zweite Reihe, Fenster. Hört sich komfortabel an, ist es aber nicht. Die Sitze sind in die Jahre gekommen, man spürt jede einzelne Sprungfeder. Mein Vordermann bringt seinen Sitz in Liegeposition und gönnt sich ein Schläfchen, das bis Jodhpur dauert. Ich habe Pech, meine Lehne lässt sich als einzige nicht nach hinten kippen. Ab nun habe ich den Typ auf dem Schoß. In Ermangelung von Stauraum liegt mein Rucksack vor mir am Boden, ich hocke da wie ein eingeklemmtes Lege-

Hendl. Was die Fahrt für mich als Platzängstler aber vollends zur Qual macht – ich bin neben dem Fenster einzementiert. Dazu ist das Chassis des Busses so tiefgestellt, dass ich null Aussicht nach draußen habe. Das Einzige, was ich sehe, ist der Himmel über Rajasthan.

In Dörfern verengt sich die Fahrpiste, sodass entgegenkommende Trucks tiefe Schrammen in unserer Karosserie hinterlassen, zum Missfallen des Chauffeurs, zum Gaudium der Passagiere. Die Gegend wird hügelig, die Straßen winden sich in Kehren über die Berge. Makaken entern den Bus und turnen auf dem Dach herum. Und immer und überall: Kühe, Kühe, Kühe. Irgendwann machen wir Rast. Die Insassen werfen Chips, Somosas und Berge von Süßigkeiten ein. Zehn Minuten später geht der Transport weiter. Drei Stunden liegen noch vor uns. Schnarchende Männer, nach Patschuli stinkende Frauen, speibende Kinder und mittendrin der Reiseautor, verspreizt auf seinem Sitz, die Knie am Kinn, den Vordermann am Schoß, unterwegs im Reich der Könige. Oh, Lord Shiva! Wird es schlimmer? Es wird.

Wir haben uns Verspätung eingehandelt, der Bus droht bei jedem Schlagloch auseinanderzubrechen. Der Typ hinterm Lenkrad hat den Turbo eingelegt. Ab und zu tauchen grelle Lichter vor uns auf, dann wird's haarig. Folgetonhorn. Die Fahrt wird jäh abgebremst, danach prügelt der Kamikaze den Schrotthaufen weiter quer durch Rajasthan. »Son et Lumière« auf dem Highway in Richtung Norden. Ich schließe die Augen und beginne zu beten. Verkeilt zwischen Mensch und Maschine erfüllt sich mein Schicksal.

Es kommt anders. Pünktlich, nach endlosen acht Stunden, darf ich meine Glieder entfalten, wir sind da. Jodhpur, die Blaue Stadt! Der Trip war Überlebenstraining pur, dafür aber günstig. Für sechshundert Kilometer habe ich umgerechnet 5,60 Euro bezahlt. Meckern ist nicht.

Ich stehe auf einer staubigen Ausfallstraße und bin leichte Beute für Tuk-Tuk-Fahrer. Es ist stockfinster. Einer krallt mich, bugsiert mich in sein Fahrzeug und holpert mit mir in die Nacht hinaus, über Stock und Stein, meiner Bude entgegen. Halb tot falle ich ins Bett. Ich bin kaputt – aber ich lebe.

Die Eroberung des Himmels
Jodhpur, 24. Februar

Schlecht geschlafen. Die gestrige Fahrt sitzt mir in den Knochen. Es ist heiß. Ich schleppe mich hinauf zur Mehrangarh-Festung, das Fort thront auf einem Felsen hoch über der Stadt. Jahrhundertelang galt es als uneinnehmbar – bis die Touristen kamen. Maharadscha Rao Jodha aus dem Hause Marwar war der erste einer langen Reihe mächtiger Fürsten, die hier residierten. Jeder, der ihm nachfolgte, veränderte und baute um. Heute ist die Festung ein Museum, das dem derzeitigen Maharadscha von Jodhpur untersteht. Er spielt natürlich keine politische Rolle mehr, Titel sind im heutigen Indien abgeschafft, kommt einem bekannt vor. Die Menschen aber verehren ihn nach wie vor wie eine Gottheit, und nicht wenige sprechen ihn nach wie vor mit »Eure Hoheit« an.

Im Fort ist mächtig was los. Menschen zwängen sich durch enge Verbindungsgänge. Rushhour, ich kann mich kaum konzentrieren, den Erläuterungen des Audioguides zu folgen. Ich schieße ein paar Fotos und achte dabei darauf, nicht zu stolpern, die Massen würden mich begraben. Durchhalten, ich habe bezahlt und ich bin nicht alle naselang in Indien. Beim Ausgang sticht mir ein Relief aus rötlichem Stein ins Auge, das an einem der Tore angebracht und mit Blumen geschmückt ist. Der Stein zeigt die Handabdrücke der Witwen des Maharadschas Man Singh. Anlässlich der Einäscherung ihres Mannes zogen seine Frauen quer durch die Stadt, verschenkten Kleider und Schmuck und warfen sich selbst in die Flammen. Bis zum heutigen Tag werden Satis (Selbstverbrennungen) abgehalten, geheim zwar, aber es gibt sie. Die Tourismus-Ministerin von Rajasthan findet nichts dabei. Im Gegenteil. »Die Zeremonie wird als eine ›Quelle der Kraft‹ angesehen.« Ein erstaunlicher Satz, noch dazu aus dem Mund einer Frau. Ich verabschiede mich von Mr. Singh und seinen feurigen Witwen und steuere ruhigeres Gewässer an, beim Thema aber bleibe ich.

Auf einem Nachbarhügel steht das Krematorium, gleichzeitig auch Mausoleum, der Marwar-Familie. Filigrane Marmorarbeit, zart wie Brüsseler Spitze, durchscheinend beinahe. Von hier bis zum Taj Mahal ist es nicht mehr weit. Trotzdem es um Nummern kleiner ist, die Arbeit ist atemberaubend schön. Nur wenige Touristen verirren sich hierher. Drinnen ist es angenehm kühl. Sonnenstrahlen zeichnen ein kunstvolles Muster auf den Marmorboden, ein beständiger Luftzug kühlt die Räume. Aircondition at its best.

Einige Stunden später. Ein Abenteuer der besonderen Art erwartet mich. »My name is Fadji, but you can call me Dev!«, begrüßt mich der junge Mann und macht sich an meinem Schritt zu schaffen. Er prüft Festigkeit und Halt, die Gurte müssen satt anliegen. Draußen vor der Hütte wartet eine Gruppe Wahnsinniger. Wir sind mutig genug, den letzten (unerfüllten) Menschheitstraum zu wagen: den Traum vom Fliegen. Flying Fox heißt das, was ihn wahr werden lässt. Mit Höllentempo pfeift man an einem langen Seil hängend über das Häusermeer der Blauen Stadt. Das Abbremsen allerdings will geübt sein. Dev führt uns zu einem Kinderspielplatz. Hier lernen Ungeübte das Handwerk des Überlebens. Die rechte Hand umschließt das Trageseil. Die Stärke des Zugriffs bestimmt den Bremsvorgang. Je kräftiger man zupackt, umso abrupter ist das Stehenbleiben. Beim Start und während des Fluges muss man die Beine abgewinkelt halten, den Oberkörper lehnt man zurück, das erhöht die Geschwindigkeit. Man braust als Gesamtpaket dahin. Vor dem Ziel streckt man die Beine aus, um auf der schrägen Landeplattform zum Stehen zu kommen.

»Let's go!« Dev kommandiert jeden von uns ans Trainingsseil, nachdem er uns in Hindi den Flugvorgang erklärt hat. Die Spanier schauen etwas kariert drein, andere haben solche Angst, dass sie nur noch kichern. Einer staunt, das bin ich. Auf einer Art Seilrutsche geht's ans Eingemachte. Das Flugtempo ist (noch) kommod. Kriterium der Übung: Flughaltung und Bremsvorgang. Selbst bei geringer Neigung des Trageseiles ist die Geschwindigkeit aufgrund der Schwerkraft beachtlich. Natürlich hängt alles vom Gewicht des Delinquenten ab. Bei mir geht's zügig dahin. Unsere Gruppe absolviert die Übung zur Zufriedenheit unseres Lehrers. Nur bei einem mäkelt Dev herum, bei mir. Das Bremsen gefällt ihm nicht: Zu spät und zu abrupt. In Wahrheit sind hier nicht Haltungsnoten gefragt, sondern sicheres Ankommen. Nicht umsonst muss man ein Formular unterzeichnen, dass man für alle Eventualitäten selbst verantwortlich ist. Aber daran denken wir nicht, Kleingedrucktes macht

Angst. Und genau die kann man im Fluggeschäft nicht brauchen.

»Again, Michael!«

Devs Ton ist streng. Die Mienen meiner Kollegen sprechen Bände: Jeder ist froh, nicht selbst das schwächste Glied der Gruppe zu sein. Unter den aufmerksamen Blicken aller begebe ich mich zum Start des Babylifts, hänge mich ins Seil und lasse mich fallen. Die Beine ausgestreckt, den Oberkörper zurückgelehnt, gebe ich ein mustergültiges Gesamtpaket ab. Ich sause über den Köpfen der Kursteilnehmer dahin, Dev erwartet mich am anderen Ende. Seine Arme sind gekreuzt. Für den Flieger bedeutet das, den Bremsvorgang einzuleiten. Ich greife ans Stahlseil, seidenweich komme ich zum Stehen. Denke ich. Devs Miene ist finster, sein Mund ein Strich. »Okay, Mister«, brummt er und lässt diesmal den Vornamen weg (was ich sehr wohl registriere). Die anderen vermeiden jeden Blickkontakt mit mir. Alles klar. »Thank you, Fadji«, schleime ich, aber auch ich vermeide das vertrauliche Dev. Strenge Klinge.

»Let's go!« Die Flugküken beginnen mit dem Aufstieg. Über felsiges Geröll geht's hinauf. Hinter uns liegt das Fort wie ein gewaltiger Adlerhorst. Das Grüppchen versammelt sich auf einem Felsvorsprung. »I am nervous«, sagt eines der spanischen Mädchen und spricht uns allen aus der Seele. Der Blick abwärts in die Schlucht ist nur etwas für Schwindelfreie. Am Start werden wir mit einem Seilstück gesichert, bis zu dem Moment, in dem wir uns fallen lassen. Jedem von uns steht die Angst ins Gesicht geschrieben. Kein Mensch hat uns zu diesem Wahnsinn gezwungen, im Gegenteil, wir haben bezahlt, und nicht zu knapp. Ein Tuk-Tuk-Fahrer müsste sich dafür einen Monat lang durch den Verkehr Jodhpurs quälen. Jetzt bin ich an der Reihe. Herz frisst Hose. Dev tastet ein letztes Mal meine Leistengegend ab. Er entsichert mein Halteseil, unter mir ist jetzt nichts mehr. Ich schließe die Augen. Mit der Rechten taste ich zum Seil und realisiere, wie dünn es ist. Das Trainingsseil war kompakter. Für solche Kleinigkeiten aber ist es jetzt zu spät. Ich denke an meine Mutter und lasse mich fallen. Wahnsinn! Der Fahrtwind ist stark wie ein Orkan. Ich öffne die Augen. Ich fliege. Vor mir, knapp vor mir, erkenne ich gekreuzte Unterarme. Rasend schnell nähere ich mich dem Ende des Seiles. Ich umklammere es – zu fest. Ich schwanke und reiße den Jungen, der mich mit beiden Händen festhält, beinahe in die Tiefe. Der Bremsvorgang ist verbesserungswürdig, das muss ich zugeben. Aber: Ich bin gelandet. Ich löse den Karabiner.

»May I ask you, Sir. What's your age?«, raunt mir der Junge ins Ohr. Etwas zu förmlich, wie mir scheint.

»I don't know …«, flüstere ich zurück, worauf er die Augen rollt, als hätte er etwas missverstanden. Die anderen Teilnehmer klatschen, innerhalb kurzer Zeit wurden wir zu einer verschworenen Truppe. Wir haben unsere Angst besiegt, selbst der coole Spanier, der mir von Anfang an ein Dorn im Auge war: Fesch und dann noch durchtrainiert ist eins zu viel.

Wir sind vollzählig. Jetzt geht's wirklich bergauf. Ab hier ist's nur mehr was für Erwachsene. Wieder stehe ich oben, auf einem winzigen Podest, wie weiland Bubi Bradl am Holmenkollen. Wieder starre ich ungläubig in die Tiefe. Dev hakt klackend den Karabiner ans Seil. Diesmal denke ich an dich, meine Geliebte. Mit einem Schrei stoße ich mich ab. Etwas zu schwungvoll. Ich sehe gerade noch, wie Dev mir mit vor Schreck geweiteten Augen nachsieht. Unter mir gleitet die Welt vorbei. Das Fort, die Felsen, die Menschen, klein wie Ameisen. Ich lege den Kopf zurück und wünsche, dass die Fahrt nie, nie zu Ende geht. Das Seil schwankt hoch und nieder. Der Fahrtwind reißt mir die Kappe vom Kopf, sie landet weit unter mir in einem Waldstück. Gekreuzte Arme. Ich greife ans Seil und bremse. Wieder zu abrupt. Um den Aufprall zu mindern, klammert sich der Fänger mit aller Kraft an mich. Applaus. Ich verneige mich nicht. Routine. Aber ein bisschen stolz bin ich schon. Der fesche Spanier hat's noch vor sich. Ein paar von uns gehen schon mal vor, noch höher hinauf. Oh mein Gott.

Wir kraxeln auf allen vieren bis nach vorne zu einer Felsnase. Von hier aus stürzen wir uns erneut in die Tiefe. Freier Fall. Diesmal misst die Distanz bis zur Ankunft zweihundertachtzig endlose Meter. Aber wie herrlich ist das! Ausgelassen springe ich los, was mir erneut Devs Missbilligung einträgt. Das Seil schwingt hoch hinauf – über mir der Himmel, unter mir der Abgrund, beides gleich weit entfernt, wie mir scheint. Wir Flugkörper bewegen uns in einer anderen Kategorie, wir sind Wesen der nächsten Dimension. Rasende Fahrt, gekreuzte Arme. Bremse. Applaus. Der Junge, der mich vom Seil pflückt, schüttelt den Kopf. Ich beneide ihn nicht um seinen Job, mein Tempo ist ihm jedes Mal zu heftig. Mir auch. Haltungspunkte mache ich heute keine mehr. Halbzeit. Wir sind immer noch vollzählig. Die Stimmung innerhalb der Truppe ist bestens. Sogar Dev, kein Freund des Lobes, nickt zufrieden. Aber geschafft haben wir's noch lange nicht, die wahren Prüfungen stehen bevor. Der Neigungswinkel des Seiles wird steiler, die Geschwindigkeit höher. Die Vogelperspektive auf die Blaue Stadt ist überwältigend. »Magnificent Marwar« wird der letzte »Ride« genannt. Er misst endlose vierhundert Meter. Ich fliege über Befestigungsanlagen, Höfe und Häuser. Vorbei das Gefühl der Angst. Jubelnd stürze ich mich in die Tiefe, mustergültig lande ich. Dev und ich sind bereits beste Freunde. Er zwinkert mir zu. Ein schöneres Lob kann das flügge gewordene Küken von seinem Lehrer nicht bekommen.

Am Fuße der Festung sehe ich später einer Filmcrew bei Aufbauarbeiten zu: Ein Regiestuhl wird nahe der Kamera postiert, Assis laufen auf und ab, der Bautrupp hämmert, Lichtboys schleppen Tonnen von Kabelrollen und ein einsamer Herr rauft sich die Haare: der Regisseur. Mit weichen Knien steige ich hinunter zur Blauen Stadt, setze mich aufs Dach meines Hotels und telefoniere mit der Heimat. Mein Schatz mahnt zur Vorsicht. Ich sage: »Klar, mach ich!« Sie kann nicht wissen, welchen Gefahren ich mich gerade ausgesetzt habe. Wien liegt unter einer dicken Schneedecke. Rapid gewinnt mit 2 : 0. Die Welt ist schön. Darauf kippe ich ein Gemüse-Biryani, zubereitet vom Hoteldirektor höchstpersönlich, scharf wie die Hölle. Als Dessert gibt's (weil ich brav aufgegessen habe): Paneer in feiner Curry-Sauce, dazu reichlich Chapati. Ich blicke hinauf in den Nachthimmel: über mir der traumhaft beleuchtete Palast des Maharadscha Gaj Singh. Vollmond. Auch das noch. In Rajasthan verfliegt die Zeit, gestern war der Mond noch eine Sichel. Der Herr Direktor steht neben mir.

»Special effect! They are shooting a movie.«

Ich schaue genauer hin. Ein indirekt beleuchteter Gummiballon wird mittels Seilen am Himmel festgehalten. Drüben, am Ende der Unendlichkeit, öffnet mein Schatz in diesem Moment das Fenster, unsere Blicke suchen einander und wir schließen beide die Augen. Heute bin ich meinem Traum ein Stück weit näher gekommen: der Eroberung des Himmels.

People of Bishnoi

»Du kennst das Volk der Bishnoi? Die religiöse Gemein-schaft in der Nähe von Jodhpur lebt wie im Garten Eden. Menschen und Tiere bilden eine partnerschaftliche Gemeinschaft, die Frauen säugen Baby-Antilopen wie ihre eigenen Kinder. Da musst du unbedingt hin. Mein Freund wird dich fahren.« Martha, eine ausgewiesene Indien-Fachfrau, gab mir vor der Abreise aus Wien Tele-fonnummer und Adresse des Tuk-Tuk-Fahrers Ramesh. Und sie gab mir noch etwas: ein kleines Päckchen. Wer will schon ungefällig sein?

Pünktlich steht das Tuk-Tuk vor der Türe. Ramesh und ich begrüßen einander wie alte Bekannte. »How is Martha?« Ich will das Gespräch auf das Volk der Bishnoi bringen, aber aus Höflichkeit plaudern wir eine Zeit lang über unsere gemeinsame Bekannte. Irgendwann versiegt das Thema. Das ist der Moment: »What do you think about the People of Bishnoi?«

»Martha is a good friend of mine.«

»She is wonderful.«

Er: »She is a good girl!«

Ich: »Yes, that's what she is.« Ich starte einen neuen Versuch. »She told me to visit the People of …«

Er fällt mir ins Wort: »Who?«

Ich sage: »Martha!«

»Martha? She was in my house when she was in Jodhpur.«

»Great!«, sage ich.

»You know her?«, fragt er.

Nicht falsch verstehen: Ich mag Martha, sehr sogar, aber das ist jetzt nicht das Thema. »You know, I would like to visit the People of Bishnoi! Martha told me …«

»Your friends are my friends and my friends are your friends. That's what we say in India!«

Ich sage, dass man das überall auf der Welt so sieht.

»Martha is a gift for everyone!«

»A gift?«, frage ich. Ich krame ein knallrosa Täschchen hervor und Ramesh ist im siebenten Himmel. Der Dosenöffner!

»You know the People of Bishnoi?«, fragt er.

Jetzt habe ich ihn. »Not yet. Martha told me …«

»Martha is wonderful!«

Ich erhebe mich. Einer muss den Anfang machen. Ramesh springt auf, schnappt sich das Päckchen und verlässt im Laufschritt das Hotel.

»What do you want to see?«

»The People of Bishnoi!«

»They are closed now.« Er blickt auf die Uhr. »Feeding is from four to six. First we go to Mandore Garden.«

Hatte ich zwar jetzt nicht vor, aber wenn die Fütterung erst später beginnt … Ich klettere in ein grün-schwarz-gelbes Tuk-Tuk. Der Verkehr ist halsbrecherisch. Links, rechts, hupen, vor, zurück. Ramesh lässt nichts anbrennen. Er schneidet, überholt, wechselt die Spuren, ganz wie sich's gehört. »Von vier bis sechs!« Der Schedule steht.

Mandore Garden. Genau hier wurde die alte Rajputen-Hauptstadt gegründet. Heute ist es ein Park mit kostbaren Bäumen, Pflanzen und künstlich angelegten Teichen – der Himmel! Gleich neben dem Eingang – die Hölle. Ein Mann hockt da, sein rechtes Bein ist vom Knie abwärts offen. Ich blicke in den Längsschnitt eines Unterschenkels. Eiter und Ekzeme werden von der Mittagshitze gegrillt. Ich bin schockiert und lege Geld in eine Blechbüchse. Ich hätte es nicht tun sollen. Neben mir taucht ein Mann auf, der mir einen Fleischklumpen unter die Nase hält – die Missbildung seines Fußes. Ich wende mich ab. Weiter vorne, mitten auf der Rasenfläche, erleichtert sich völlig ungeniert ein Mann. Der Tag versprach einen Ausflug zu den Bishnois, gelandet bin ich in der geschlossenen Abteilung.

Von einer Anhöhe aus hat man einen herrlichen Blick über den Park. Eine Kolonie von Affen umringt mich. Einige fletschen die Zähne, denn hinter ihnen hocken die Jungtiere. Nur wenige Touristen verirren sich hier herauf. Ich will zum Aussichtspunkt, vorne auf einer Felsnase, aber eine Drehtüre versperrt mir den Weg. Ich zwänge mich durch das rostige Gestänge und – stecke fest. Die Barriere lässt sich weder vor noch zurück bewegen, das Werkl wurde sichtlich schon lange nicht mehr benutzt. Weiter vorne stehen Männer und beobachten mich. Seltsam, denke ich, wie sind die hier durchgekommen? Ich schiebe, stoße, das Zeug klemmt. Panik. Am helllichten Tag, an einem der Touristenhotspots Jodhpurs, verheddere ich mich in einer Drehtüre. Ich werfe mich gegen das Gitter. Es gibt nach. Aber nur einige Zentimeter. Die Männer verfolgen meinen Kampf gegen die Technik. Es gelingt mir, den Rosthaufen zum Drehen zu bringen. Ich bin schweißgebadet. Ich bin drinnen. Anerkennendes Nicken. »The first step to success is the most difficult.« Lachend gehen die Männer zum Aussichtspunkt. Ich sehe mich um. Unmittelbar neben der Drehtür ist ein gut fünf Meter breites, offenes Tor, durch das man ungehindert Zutritt hat. Von meinem Platz aus konnte ich es nicht sehen. Manchmal ist das Leben einfacher, als man denkt. »Geh außen rum!«, empfiehlt der Knopfgießer dem Peer Gynt, kurz vor Ende seiner lebenslangen Reise. Zweimal habe ich die Rolle gespielt.

Ich bin erschöpft, es ist glühend heiß. Der Fahrtwind des Tuk-Tuks bringt meine Lebensgeister zurück. Ramesh bringt das Gefährt zum Stehen. »A friend will bring you to the People of Bishnoi.« Es ist drei vorbei. Ein Jeep fährt auf den Parkplatz. Ramesh fällt seinem alten Kumpel Hadji um den Hals und deutet auf mich. »Martha, you remember her?« Hadji sieht Ramesh an, als ob er ihn gefragt hätte, wie viele Nullen der Erdumfang hat. Ramesh klopft auf die Polsterung des Jeeps, eine Staubfontäne. »Good car!«

Ich nehme Platz. Ein weiterer Kumpel taucht auf. Er betrachtet das Fahrgestell des Wagens, dann verschwindet er unter der Motorhaube. Hadji umrundet sein Fahrzeug. Kurz darauf liegt auch er unterm Chassis. Ein Dritter öffnet die Motorhaube. Das ist der Moment, in dem sich Ramesh zurückzieht. »See you!« Wolke. Ich steige aus und tue so, als ob auch ich etwas zur Lösung des Problems beitragen könnte. Einer bellt in sein Handy, unmittelbar darauf erscheint ein Mechaniker, in der Hand ein

Stückchen Gartenschlauch. Der Jeep steht breitbeinig da wie ein alter, inkontinenter Elefantenbulle – aus dem Motorblock fließt eine ölige Flüssigkeit. Vorhin, bei der Ankunft ist mir das Leck nicht aufgefallen, aber jetzt wackle ich genauso mit dem Kopf wie alle anderen. Zu Hadji sage ich: »People of Bishnoi. Feeding from four to six.« Der beachtet mich nicht weiter, er hat andere Sorgen. Der Typ unterm Wagen kommt zum Vorschein, er hat das Gummiding am Benzinstutzen montiert und alle klopfen ihm auf die Schulter. Hadji schwingt sich hinters Volant. Er startet.

»Sorry for that!«

»Okay«, sage ich, aber das geht im Röhren des Motors unter. Ausfallstraße. Blaulicht. Hadji reißt die Schüssel seitwärts, eine Polizei-Eskorte rast an uns vorbei. Hadji faltet die Hände vorm Gesicht und brüllt: »Namaste!« Der Mann drüben in der Limousine tut desgleichen. »Political man. Good guy!« Hadji richtet sich die Sonnenbrille. Reporterglück.

»You know him?«, frage ich.

»Yes.« Lässig lehnt Hadji den Ellbogen aus dem Fenster, er ist kein Mann vieler Worte.

Die Hitze versengt die Wüste. Drüben in Pakistan beginnt sie und ihre Ausläufer reichen bis hierher. Links und rechts der Straße stecken ein paar Antilopen ihre Köpfe in die ausgetrocknete Erde.

»You see! Gazelles!«

Ich sehe sie. Und noch etwas nehme ich wahr, schon die längste Zeit nämlich. Zu meinen Füßen hat sich eine Lache gebildet. »Fuel«, sagt Hadji und biegt auf einen

Feldweg ab. Es wird holpriger, der Diesel spritzt bis zu meinen Knien herauf. Mit rauchenden Bremsen parkt der Jeep vor einer Lehmhütte.

»Come in.«

Hinter einer Erdmauer liegt eine alte Frau. Reglos. Ich bin nicht sicher, ob sie noch lebt. Neben dem Eisenbett eine Almosenschale, daneben hockt eine zweite Frau, eine jüngere, und beobachtet mich. Ein etwa dreijähriges Kind wirft Erde auf die Scheintote. »Photos«, schubst mich Hadji, »I have permission.« Ich frage mich, bei welcher Behörde er wohl die Fotografiererlaubnis beantragt hat, und stecke dem Kind einige Rupien zu. »More!« Die Tote wendet den Kopf in meine Richtung. Ihre Augen sind blind. Hadji erleichtert sich an der Hausmauer, verlässt den Hof und plaudert mit einem Mann, der sich draußen unter den Jeep beugt. Ich schieße ein paar Fotos, reiche dem Kleinen noch etwas Geld hin. Eine verschrumpelte Hand schnappt sich den Schein. Draußen startet Hadji den Wagen, ich springe auf und wir brausen eine Buckelpiste entlang, geradewegs bis zum nächsten Gehöft.

Auf einem Lehmhaufen steht ein Topf mit Wasser. Hadji trinkt.

»Thirsty?«

Eine Frau kauert da und gibt ihrem Baby die Brust. Sie trägt einen Nasenring aus Blech, von dem aus quer über die Wange ein paar Ketten zu den Ohren führen. Hadji reißt das Tuch weg, das den Winzling vor Fliegen schützt. Das Neugeborene kräht, die Frau schreit.

»Photo. It's only one week old!«

Mir ist das unangenehm und ich schlendere zum Wagen zurück. Auf meinem Fußteil hat sich bereits eine beachtliche Diesellache gebildet. Hadji kommt nach und startet den Jeep. Ich frage, weshalb die Frau so geschrien hat.

»She asked me for sun lotion for her baby.«

Der nächste Stopp sollte der letzte freiwillige sein. Ein schmuckes Ziegelhaus. Kaum biegen wir um die Ecke, stürzen ein paar Frauen zu einem Webstuhl und beginnen, sich lachend Schiffchen zuzuschleudern. Eine Frau im gesetzten Alter kommt mit einer Schultasche am Rücken und pflanzt sich vor mir auf. Ich frage, was sie ganz offensichtlich hören will, nämlich wo sie zur Schule geht. Wie aus dem Nichts erscheint ein Mann, der mir auf Englisch erzählt, dass seine Schwester die Klassenbeste sei, aber dass das Schulgeld in letzter Zeit erhöht wurde.

»Um viel?«, fragt Hadji und blickt in meine Richtung.

»Um viel«, antwortet der Mann, »demnächst wechselt sie aufs College, das ist noch teurer.«

In Windeseile breiten die Frauen Teppiche vor mir aus. Mein Einwand, dass ich mit Rucksack unterwegs bin, verpufft. Wozu gibt's die indische Post, sie verschickt alles, auf Wunsch sogar bis nach Australien.

»Die besten Stücke sind natürlich schon weg«, sagt der Mann. Und: »Eine Touristengruppe hat sich angesagt und es steht zu befürchten, dass sie die anderen Stücke wegschnappen …«

Ich wende mich zu Hadji, aber der hat es sich bereits im Schatten bequem gemacht. Tee wird gereicht. Tässchen wird zu Tasse, Tasse zu Kanne – erst dann ist die

Siesta zu Ende. Mir kommen erste Zweifel, ob wir das sagenumwobene, Antilopen säugende Volk heute noch erreichen werden.

Wir brausen dahin. Zu meinen Füßen schäumt der Sprit hoch. Kurze Zeit später haucht die Karre erneut ihre Seele aus. Hadji springt ab und öffnet die Motorhaube. Er klemmt ab, pumpt, startet. Der Einfachheit halber bleibe ich sitzen. Hadji startet. Der Jeep hüpft wie eine Wüstenmaus. Nach hundert Metern ist wieder Schluss. Same procedure.

»Sorry for that!«

»Okay«, sage ich, was soll ich schon sagen. Wir rattern los, wir bleiben stehen.

»Sorry for that!«

Ich kann's nicht mehr hören.

Highway to Pakistan. LKW-Trucks donnern in Richtung Grenze. »Over there. Nice pottery! I will look for a mechanic«, ruft mir Hadji über die Schulter zu und verschwindet zwischen Autoleichen. Wie eine Gazelle springe ich zwischen den Fernlastern herum, erreiche das andere Ufer der Straße und absolviere das Damenprogramm. Danach setze ich mich in ein Café, das einer Müllhalde mit Werbeaufschrift gleicht, gerade als Hadji mit einem Blechkübel voller Sprit kommt. Er hat tatsächlich jemanden aufgetrieben, der den Wagen Schraube um Schraube auseinandernimmt. Der Motor denkt nicht dran anzuspringen – ich hätte es nicht anders erwartet. Die Bishnois kann ich vergessen, die Fütterung ist bald vorbei. Hadji klettert unter den Jeep und verknotet ein paar Schläuche. Diesmal funktioniert es. Der Motor brummt.

»Sorry for that!«

»Okay.«

Geschichte wiederholt sich.

Vor dem Abendhimmel zeichnen sich die Häuser Jodhpurs ab. Unterwegs machen wir noch einen kurzen Stopp bei einer Fabrik. Hier gibt's alles, was Touristenherzen erfreut: Teppiche, Teppiche, Teppiche. Hadji wartet meine Reaktion gar nicht erst ab, er winkt mich nach draußen. Plötzlich weiß ich, woran mich sein Name erinnert. Der Weg der Moslems nach Mekka: Hadsch! Der Mann hat den rechten Namen. Unser Ausflug zum People of Bishnoi gleicht einer nicht enden wollenden Pilgerreise. Hadji bellt etwas in sein iPhone. »One of my brothers will pick you up. The car is dead. Sorry for that!«

Zurück in Jodhpur erwartet mich eine kleine, tiefgestellte Gefriertruhe, die mich nach kurzer Fahrt in die Nähe des Clock Tower bringt. Unnötig zu sagen, dass ich Hadji den Trip bezahlt habe – ohne je das Ziel erreicht zu haben. Das sagenhafte People of Bishnoi, das in paradiesischer Eintracht lebt, umringt von putzigen Antilopen, wo keiner keinen am Speiseplan hat und jeder jeden voll Liebe säugt, bleibt für mich ein unerfüllter Traum. Keine Ahnung, ob das alles nicht nur Legende ist – ich entschließe mich, daran zu glauben.

»Where is my Haveli?«, frage ich Hadjis Bruder.

»No idea«, sagt der und ist im nächsten Moment auch schon verschwunden.

»Leck mich!«, rufe ich ihm nach, und ich bin sicher, dass ich meine, was ich sage.

Heimgefunden habe ich auch ohne ihn.

Mitten im Leben
Jodhpur, 26. Februar

Während sich Wien einem Kälterekord nähert, ist hier Badewetter angesagt. Schon zeitig in der Früh klettert die Quecksilbersäule in Richtung Siedepunkt. Den Vormittag verbringe ich im Hotel und arbeite an meinem Reisetagebuch. Am Abend war ich zu erschöpft, die Jeep-Safari hat mir zugesetzt. Zudem fühle ich mich nicht gut. Montezuma nimmt Rache. Einer der Straßenstände war einer zu viel. Also hinein mit der Pille.

Später riskiere ich einen Stop-and-go-Ausflug auf den Sardar Market. Von der Terrasse des *Café Royale* aus beobachte ich das geschäftige Treiben. Ich liebe Märkte. Was sich mir darbietet, ist ein Rausch an Farben und Gerüchen. Ich trinke herrlichen Jasmintee, fühle mich sofort kräftiger und riskiere einen Kopfsprung zurück ins Leben. Unter zahllosen Schaulustigen, Händlern und Bettlern treffe ich – Ramesh. Es kommt, wie es kommen sollte: Er lädt mich zum Abendessen ein. Schlag ein, Bruder! Ich werde bei einer indischen Familie zu Gast sein. Gegen Abend will er mich abholen. Das People of Bishnoi erwähne ich lieber nicht.

Weiter drüben sind die Gewürzläden. Jemand hält mir eine Handvoll Pfefferminze unter die Nase. Ein olfaktorischer Hochgenuss. Am nächsten Stand – die nächste Dosis. Indische Märkte sind der Himmel! Es ist erstaunlich, was man hier vor die Nüstern kriegt. Da ich zu schwächeln beginne, mache ich Rast in einem zum Hotel umgebauten Stadtpalast, dem *Nirvana Home*. Ich trinke Ingwertee und döse vor mich hin. Diarrhoe schlaucht. Das ist der Nachteil, wenn man sich nicht in der Komfortzone eines wohltemperierten Mietwagens von Palast zu Palast chauffieren lässt. Indem ich mich der Willkür des Augenblicks aussetze, bin ich anfällig für Missgeschicke. Eine halbe Stunde später fühle ich mich fit genug, das *Nirvana* zu verlassen – wer kann das schon von sich behaupten?

Rameshs Geschoß steht pünktlich vor der Türe. Ich habe mich in Schale geworfen. Für Anlässe wie diesen führt der Traveller eine zweite Hose mit sich. Zum Dinner ist Bügelfalte angesagt. Wir rumpeln über den Markt, dann die Ratanada Road entlang, so lange, bis die Straßen schlechter werden und die Gegend düster.

»You like Chicken-Biryani?«

Bei einer Kuhflade halten wir. Ramesh hüpft in einen winzigen Laden, bestehend aus einem Verkaufstisch und ein paar gackernden Hühnern. Der Verkäufer winkt mir zu, sein Beil landet am Hackstock und das Hendl im Plastiksack. Der Tod ist unberechenbar. »Fresh chicken!« Ramesh wirft die Nähmaschine an, er wühlt sich durch die Sandpisten der Vorstadt. Wir hinterlassen Staubfontänen wie weiland Kublai Khans Horden auf der Jagd durch feindliches Rajputen-Gebiet.

Und plötzlich sind wir da. Das Begrüßungskomitee wartet bereits auf der Treppe, der Größe nach geordnet. Ramesh steht am Trittbrett des Tuk-Tuks und spricht zu seinem Volk. Das Einzige, was ich verstehe: »Martha.«

Immer wenn der Name fällt, wird eifrig in die Hände geklatscht. Danach geht's zum Festmahl, das allerdings befindet sich immer noch im Plastiksack. Ein dünner Blutsfaden tropft auf den Wohnzimmerboden. Frau, Schwägerin und ein Haufen Kinder hocken auf einer überdimensional bunten Couch. Fotosession. Als ich mich ins Bild zwänge, erreicht die Stimmung ihren Höhepunkt. Danach folgen Einzelshootings. Jeder Schuss ein Treffer und jeder Treffer wird bejubelt. Anschließend: PK. Wie Martha in mein Leben trat? Na schön.

»Das Stück hieß *Don Gil von den grünen Hosen*. Berlin in den 70ern. Volksbühne.«

Die Erwachsenen wackeln mit den Köpfen, die Kinder sehen mich ratlos an.

»Erster Akt, eine Picknick-Gesellschaft. Bedienstete. Zofen.« Hier mache ich eine kleine Pause, um die Wirkung zu steigern. »Eine von ihnen … Martha!«

Ramesh und seine Frau klatschen ab.

»Zofe Marthas Text war nicht lang. Er lautete: ,Den Wein haben wir vergessen.'« Wann immer sich heute noch überlebende Ensemblemitglieder treffen, der Text, man sollte es nicht glauben, ist immer noch der Bringer. Ich bin mir nicht sicher, ob er aus der Feder des Autors stammte oder der Not des Augenblicks geschuldet war. Warum? Zofe Martha hatte bei einer Vorstellung tatsächlich auf den Requisitenwein vergessen.

Das Hühner-Säckchen liegt inzwischen auf dem Sofa, darunter zeichnet sich ein dunkler Fleck ab. »Twenty minutes …«, zwinkert mir Ramesh zu. Wir ziehen ein Zimmer weiter. Eineinhalb Stunden später ist alles fertig:

Chicken-Biryani, Chapati und Papadam (frittierter Fladen aus Linsenmehl). Ich nehme Platz, alle anderen stehen um den Tisch herum und beobachten mich. Ich esse mit den Händen. Applaus. Nach mir wird der Nachwuchs abgefertigt. Der Chefkoch und seine Frau sind als Letzte dran. Sie essen im Stehen. Ich erhebe mich. Das ist das Zeichen. Ein letztes Mal wird über Marthas Text »Den Wein haben wir vergessen« gelacht, Ramesh wirft das Gefährt an, kurz darauf rattern wir durch die Nacht, dem Clock Tower entgegen.

Aus einem Haus vis-à-vis meinem Hotel klingt fröhliche Musik: Eine Hochzeitsgesellschaft kommt zur Sache. Ich kann nicht widerstehen und strecke meine Nase in den Hof. Ein klebrig süßes Honigbällchen landet in meinem Mund, eine Art Glücksbringer, den die Gäste am Polterabend zum Wohle der Braut verzehren. Wie aus dem Nichts steht eine verschleierte Frau vor mir. Jemand erklärt mir den Brauch: Am Vorabend der Zeremonie muss ein Mann aus der Nachbarschaft die Braut von übelwollenden Geistern befreien. Unter heftigem Kopfwackeln der Gäste wurde ich auserwählt. Ich berühre die Schläfen der Braut, der Schleier fällt und der Himmel belohnt mich mit dem zauberhaftesten Lächeln ever. Entschlossen packe ich das Böse und schleudere es in die entgegengesetzte Ecke des Hofes. Eine einfache Übung für einen, der sein Schauspieldiplom einst mit ausgezeichnetem Erfolg bestand. Danach berühre ich erneut mit großer Geste die Schläfen der Braut und das Gute strömt in sie zurück. Im Laufe des Lebens habe ich schon so manche skurrile Rolle verkörpert, als Hochzeitsorakel aber wurde ich noch nie besetzt. Es folgt das übliche Fotoshooting: Braut solo, Braut mit Orakel, Orakel mit Braut, Orakel solo. Die Gereinigte verschwindet unter ihrem Schleier und ist ab sofort bereit für ihren Liebsten, der seine Mission erfüllen wird. Mein morgendlicher Schwächeanfall ist wie weggeblasen. Ich bin zurück im Leben – wenn nicht sogar mittendrin.

Die Wiedergeburt
Jodhpur – Jaisalmer, 27. Februar

Heute ist Bummeltag. In der Früh wird gepackt, später geht es weiter nach Jaisalmer. Ich fühle mich gut, alles geht wieder seinen geordneten Weg. Ein kurzer Call nach Europa. Ich wundere mich, dass er unbeantwortet bleibt. Die Lösung: Zu Hause ist es kurz nach vier Uhr früh. Ich bin meiner Zeit voraus.

Vor der Weiterreise will ich mich um frisches Schreibwerkzeug kümmern. Kein Problem? Mitnichten. Aus unerfindlichen Gründen wird in Rajasthan hauptsächlich mit Bleistift geschrieben. Das hoch technologisierte Land läuft seiner Zeit hinterher. Erst beim vierten Anlauf bin ich erfolgreich. Schräg gegenüber dem Geschäft hockt eine Gruppe von Männern am Gehsteig. Als ich vorgestern hier vorbeikam, saßen die vier an derselben Stelle. Wenn ich mich recht erinnere, winkte einer zu mir herüber. Nach dem Erwerb zweier Montex-Schreibstifte (indigoblau) winkt mir der Typ erneut zu. Was will er?

Rückblende: Vietnam. Damals war ich mit denselben Schuhen unterwegs wie heute. Die Episode des Flickschusters von Hanoi ist Teil meines ersten Buches.

Wie einst der junge Schuster kann der nun Winkende unmöglich wissen, dass sich ein Lederflänkchen an der Innenseite meines Mokassins gelöst hat, weshalb die Stelle schon seit Tagen am Huf scherrt. Zudem hat sich eine Naht am Oberleder gelockert. Ich nähere mich dem Mann, der da im Straßenstaub ein, wie mir scheint, klägliches Bettlerdasein führt. Sein Augenmerk gilt meinem linken Fuß. Unmissverständlich fordert er mich auf, den Schuh auszuziehen, eben jenen, der vor Jahren bereits eine nordvietnamesische Behandlung erfuhr, schiebt mir einen bereitliegenden Gummischlappen hin und beginnt zu schneiden und zu kleben.

Handwerk hat mir immer schon Respekt abverlangt. Er sticht eine hübsche Perforation ins Leder, führt einen Faden hindurch und präsentiert mir das Zwischenergebnis. Da der Absatz abgelaufen ist, drückt und knetet er an ihm herum und entdeckt ein von mir bislang unbeachtetes zentimetergroßes Sohlenloch. Vorwurfsvoll sieht er mich an. Wie ein Schüler stehe ich vor dem Meister. Er wackelt mit dem Kopf, liest ein Stück Autoreifen vom Boden auf, klopft und spitzt es zu, stanzt mittels einer Ahle ein Loch in die Hacke, füllt sie auf, legt noch eine Lage Gummi darüber, dann noch eine und feilt alles zurecht. Der Absatz sieht jetzt aus wie der Querschnitt eines Ildefonsos. Perfekt.

Er zieht mir den anderen Schuh vom Fuß und es kommt, wie es kommen muss – auch der besteht den TÜV-Test nicht. Ersatzschlappen, die Zweite. Der Alte kontrolliert die Fersennaht, knotet, zwickt ab, findet direkt neben dem Rinnsal eine rostige Öse, setzt sie ein, führt ein Lederbändchen hindurch, klebt und rundet ab und ist endlich zufrieden. Mein Schuhwerk ist wie neu, der vorgestrige Blick war der des Fachmanns, der mit einem Blick Unvollkommenes von Vollkommenem zu unterscheiden weiß. Mit einfachsten Mitteln ließ der Street-Art-Artist von Jodhpur, der da inmitten von Nägeln und Lederresten, Scheren, Ahlen, Hämmerchen und Tinkturen im Staub der Gulab Sagar Road hockt, ein kleines Meisterwerk entstehen. Ab nun bewege ich mich um eine Spur schwereloser durch die Welt. Dem Autoreifen ist eine Reinkarnation widerfahren. Die indischen Götter sollten recht behalten.

In der Station Road, südlich vom Sojati Gate, liegt der Hauptbahnhof von Jodhpur. Von außen gleicht er einem Spielzeughaus aus roten Lego-Steinen. Das landesübliche Gedränge empfinde ich längst als Normalzustand. Wie werde ich zu Hause die Ruhe ertragen? Der Zug hat eine satte Stunde Verspätung. Oder sind es drei? Auf meinem Ticket steht: »Sleeper, S 2, 33, Down«. Über dem Perron hängen Tafeln, die die exakte Halteposition der Wägen anzeigen. Langsam schiebt sich die riesige Zugmaschine heran, an ihr hängen mindestens dreißig Waggons. »S 2« bleibt punktgenau vor mir stehen – ein offener Wagen, unterteilt in unzählige Sitzabteile. Über jeder Bank befindet sich eine obere Ebene, auf der ebenfalls Passagiere eingeschlichtet werden können. Im Waggon sind Ventilatoren angebracht. Kein Mensch weiß wofür, denn die Fenster haben keine Scheiben, für Frischluft ist reichlich gesorgt. Heute habe ich das Zugsabteil für mich alleine. Nach der horriblen Busfahrt nach Jodhpur eine prächtige Wiedergutmachung. Natürlich starrt alles vor Dreck, aber das tue ich inzwischen auch. Männer laufen durch die Abteile und verkaufen Thali und Tee. Ich erstehe eine Banane, viel mehr mute ich mir noch nicht zu. Ein Pfiff, wir legen ab. Es sollte eine der schönsten Zugreisen meines Lebens werden.

Mehr und mehr verlieren sich die Häuser, wir erreichen die Wüste Thar. Entlang der Strecke: jede Menge schweres Gerät und Militär. Grimmige Gesichter blicken mich an, die Soldaten sind bis an die Zähne bewaffnet. Im August 1947 fand die Abspaltung Pakistans vom indischen Mutterland statt, seither zündelt es in der Grenzregion. Der Fahrtwind trägt den Atem der Wüste ins Abteil, eine dünne Sandschicht dringt durch die Ritzen und der Abend breitet sein kühles Leintuch über die Welt. Durch das vergitterte Fenster betrachte ich den vollen Mond und träume – von zu Hause.

Mit einem Ruck schrecke ich auf. Nach sechs Stunden Fahrt liefert mich die Indian Railways als einen von täglich dreiundzwanzig Millionen Fahrgästen wohlbehalten im Wilden Westen ab. Ein neues Kapitel öffnet sich: Jaisalmer, die Goldene Stadt.

Auch Göttinnen können beißen
Jaisalmer, 28. Februar

Ein gezielter Strahl aus der Pistole. Ich sehe rot. Ein zweiter Strahl. Ein dritter. Ich bin in einen Hinterhalt geraten. Die Banditen haben mir aufgelauert. Sie sahen mich kommen und jetzt feuern sie aus allen Rohren. Ich gerate in den Kampf der Streitkräfte des Stadtgründers Rawal Jaisal vom Clan der Bhati, der seine königliche Stadt gegen die Moguln von Delhi verteidigt. Jahrhundertelang währte der Krieg. Das Fort von Jaisalmer konnte nie zu Fall gebracht werden, die stolzen Krieger ergaben sich nicht. Nur zweimal gelang es den Feinden, den Stolz der Wüstensöhne zu brechen. Einmal nach siebenjähriger Belagerung und ein zweites Mal, nachdem die tapferen Rajputen zwölf Jahre lang dagegenhielten. Als die Vorräte aufgebraucht waren, ritten die todesmutigen Männer hinaus aufs Feld – nicht um sich zu ergeben, sondern um zu sterben. Ihre Frauen taten es ihnen gleich. Sie legten ihre kostbarsten Kleider an und sprangen vom Dach des Palastes. Unten brannten die Scheiterhaufen.

Diesmal treffen mich die Geschoße von hinten. Zwei feindliche Kriegerinnen haben sich angeschlichen und nehmen mich unter Dauerbeschuss. Gfraster! Mein Hemd und das Safari-Gilet, Erbstück eines Globetrotter-Kollegen, sind völlig durchnässt. Die Bodentruppen werfen sich weg vor Lachen. Ein willfährigeres Opfer hätte ihnen nicht vors Rohr kommen können. »Money!«,

Gateway of India,
Mumbai

Chhatrapati
Shivaji Maharaj Vastu
Sangrahalaya Museum,
Mumbai

Der Chhatrapati Shivaji
Terminus in Mumbai ist
eine Mischung aus Grottenschloss und Geisterberg.

Das *Leopold Café*, Colat[
Causeway, Mumb[

Der Oval Maidan ist Park
und Sportstätte im Herzen
Mumbais.

Die Universität von Mumbai [
eine viktorianische Trutzbu[

Im Stadtteil Sonapur
befindet sich eine Art
Open-Air-Krematorium.

Gandhi – der Vater
der Nation hat das Land
geeint und gespalten.

Hochzeitsgesellschaft
am Chowpatty Beach,
Mumbai

Bananenhändler
in Mumbai

»Babyelefant« in Mumbai

Dhobi Ghat, die größte
Open-Air-Waschmaschine
der Welt

Die Herren Dabbawalas sind im Auftrag der Liebe unterwegs.

Mensch und Maschine in Mumbai

Mumbai ist ein einziger großer Flohmarkt.

Am Pichola-See in Udaipur

Zuckerrohrsaft-
Verkäufer in
Mumbai

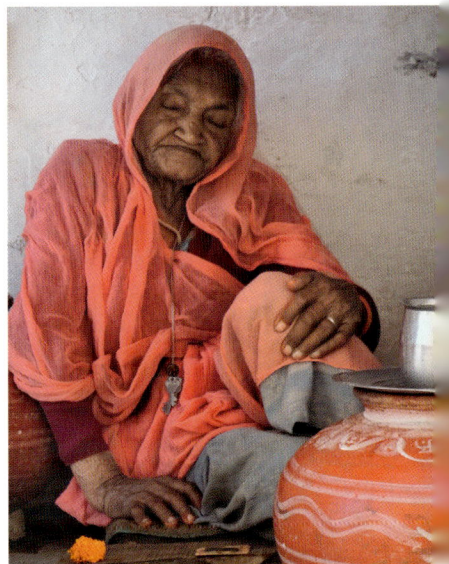

Tempelwächterin
im Jagdish-Tempel in
Udaipur, Rajasthan

...ick vom Stadtpalast von Udaipur

Der Blaue Salon im Stadtpalast von Udaipur

Einer der Innenhöfe des Palastes von Udaipur, Rajasthan

Farbenfrohes
Indien

Kochlehrling von
Udaipur

Rast am Fateh
Sagar Lake,
Udaipur

In Jodhpur
kommt man
dem Himmel
nahe …

Der Reisende
und sein
Traum vom
Fliegen

Bazar Road,
Jodhpur

»Morgentoilette« im
Mandore Garden von
Jodhpur

Jodhpur,
die Blaue Stadt

Manchmal wird es ziemlich eng ...

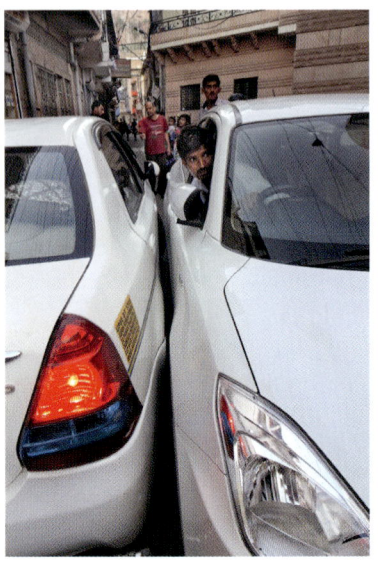

Mit dem Tuk-Tuk durch die Blaue Stadt

Alte Badeanlage in Jodhpur

ein Flickschuster

Am Sardar Market, Jodhpur

Palastwache
des Mehran-
garh-Forts
in Jodhpur,
Rajasthan

Altstadt von Jaisalmer

In Indien spielt sich das
Leben auf der Straße ab.

er »Lange
Veg« Indiens
auert an …

Haveli in
Jaisalmer

Unterwegs in der
Wüste Thar

In der versunkenen
Stadt Kuldhara,
Wüste Thar, Rajasthan

schreien die Kinder und hüpfen und tanzen vor mir wie kleine Derwische. Ich hätte besser gleich gezahlt. Was folgt, ist Hölle pur. Mit allen unerlaubten Mitteln werde ich außer Gefecht gesetzt. Eingefärbt wie ein Marzipanschwein überlebe ich die feindliche Attacke. Die Königstöchter haben den Kampf gegen den Eindringling gewonnen, Jaisalmer bleibt in ihrer Hand.

Das Holi-Fest ist eines der ältesten Feste Indiens. Je nach Landesteil hat es einen anderen Namen. Allen gemeinsam ist die ausgelassene Freude, das Frühjahr zu begrüßen. Holi bedeutet den Übergang vom Winter zum Sommer, den Sieg der bunten über die dunklen Mächte. Versöhnung ist angesagt, Streitigkeiten sollten außen vor bleiben. Während der Holi-Tage darf selbst der gläubigste Hindu dem Alkohol zusprechen, und das muss man ihm nicht zweimal sagen. Der Beginn des Festes orientiert sich am Mondkalender. Der Vollmond des Phalguna-Monats markiert den Beginn der Feierlichkeiten (Anfang März). Vor den Erwachsenen sind die Kinder dran. Schon Tage vor dem Fest ziehen sie durch die Straßen und treiben ihr Unwesen. Um kleines Geld können sich ahnungslose Reisende von Farbattacken freikaufen. Hätte ich geahnt, was mir blüht, ich hätte es besser getan.

In einer der engen Gassen der Altstadt wird eine Frau auf mich aufmerksam, sie führt mich in ihr Haus und bittet mich zu warten. Gleich darauf erscheint sie mit Hemd und Hose. »Try!« Ich lege meine rosarote Kleidung ab, die neue passt wie angegossen. Ich sehe aus wie Jawaharlal Nehru. Zweifellos gebe ich einen brauchbaren Inder ab.

Als Kopfbedeckung empfiehlt der Herr des Hauses, dessen Haare ebenfalls bereits rot eingefärbt sind, ein Tuch. Nun sehe ich aus wie Lawrence of Arabia. Der Mann wirft sich zu Boden, nicht aus Ehrfurcht, wie ich im ersten Moment annehme, nein, er legt sich hin in Erwartung einer Fußmassage, die ihm ein stämmiger Mann, sein Sohn, verabreichen soll. Der Typ spaziert tatsächlich auf dem Alten herum, als wäre es das Natürlichste auf der Welt. Wo bin ich da bloß hingeraten? Man stelle sich vor, ich, unten Nehru, oben Peter O'Toole, vor mir ein stöhnender Alter mit knallbunten Haaren, auf dessen Rücken der Junior auf- und ablatscht. Welcher Brauch das nun wieder sei, frage ich.

»Years ago I had a motor accident. Pain in the ass, you know.« Jedes Frühjahr, rund um das Fest, melden sich alte Schmerzen. Holi hat viele Aspekte. Der Junior gibt den Vater frei, und der liegt am Rücken wie ein Maikäfer.

»How about lunch, Sir?«

Ich sage, dass ich gerade überlegt habe, ob es in der Gegend etwas Essbares undsoweiterundsofort …

»You are my guest!«

Und ehe ich mich versehe, geleitet mich der junge Knochenbrecher nach oben auf die Terrasse und ich entdecke einen prächtigen Platz, vom dem aus man eine gepflegte Aussicht über die zauberhafte Altstadt hat. Ich bestelle Thali, lege mich auf einen Diwan und lasse mir den Wind durchs bunte Haar streichen. Jeder, dem ich an diesem rosafarbenen Tag begegne, nickt mir lachend zu: Mit passender Holi-Kleidung gehöre ich als Teil zum

Ganzen wie die Schuppe zum Fisch, wie die Borste zum Schwein.

Der Gang durch den großartig erhaltenen Maharawal-Palast ist interessant, das Geschrei des Kleinkindes, das aus hinterhältiger Absicht just dort sein quäkendes Unwesen treibt, wo ich den Ausführungen meines Audioguides zu folgen trachte, nervt. Letztlich vergällt mir der verzogene Fratz das Erlebnis des Weltkulturerbes. Hinter dem Rücken der Eltern schneide ich dem kleinen Monster schlimme Fratzen, weitere Schreianfälle sind die Folge. Aber das juckt mich nicht.

Auf der gegenüberliegenden Seite des Hauptplatzes führt eine schmale Gasse zu einem aufsehenerregenden Kunstwerk, errichtet aus goldgelbem Sandstein, ein Jain-Tempel. Wände, Decken, Säulen sind kostbar verziert. Grandiosere Kunstwerke habe ich nirgendwo auf der Welt gesehen.

Unten, in der Stadt, lasse ich mich durch die Gassen treiben. Die Einwohner tragen überdimensional große, kunstvoll drapierte Turbane in Rot oder Orange. Die Schönheit der Goldenen Stadt sucht in ganz Indien ihresgleichen. In der Abendsonne erstrahlen die Fassaden der Paläste honigfarben, die Fenster sind mit reich geschnitzten Holzgittern versehen. Manche der aus dem 18. oder 19. Jahrhundert stammenden, von reichen Karawanenhändlern errichteten Havelis darf man besuchen.

Überall auf dem Markt sind auf den Verkaufstischen Berge von knallbuntem Pulver aufgeschichtet. Ich bin nicht der Einzige, der von der Farbenpracht angezogen wird. Gerade als ich ein hübsches Fotomotiv vor der Linse habe, knurrt mich ein Hund an. In Indien wimmelt es von streunenden Hunden. Sie rangieren am untersten Ende der sozialen Kette, ihr Überlebenskampf ist elend. Sie werden missachtet, getreten und verjagt. Bei Nacht schließe ich die Fenster, die Revierkämpfe sind weithin hörbar. Ich merke, wie sich das Biest an mich heranmacht. In Piräus bin ich einmal einem Hundebiss zum Opfer gefallen. Seither bin ich vorsichtig. Mit einem Schrei wirble ich herum, der Köter hatte mich beinahe schon am Knöchel. Zum Zeichen des Gegenangriffs mache ich einen Schritt auf ihn zu. Er weicht mit gefletschten Zähnen zurück.

Was jetzt folgt, ist das Abgehobenste: Attacke drei. Die heilige Kuh! Wie Felsen in der Brandung stehen die Teile auf Straßen und Plätzen herum, beinahe schon in jedem Wohnzimmer – reglos, gottähnlich. Nicht so das Exemplar, an dem ich gerade vorbei will. Kaum drehe ich dem Vieh den Rücken zu, wirft es seinen riesigen Schädel zur Seite, schnappt nach mir und erwischt mich dabei am Allerwertesten, geografisch gesehen an der linken Backe. Glaubt man das? Ich musste um die halbe Welt reisen, um von einer Kuh gebissen zu werden, punktgenau in den Arsch. Ich bin so perplex, dass ich Ihrer Heiligkeit meinen Rucksack gegen die Schnauze schleudere. Die Kuh glotzt mich verwundert an, lässt von mir ab und die Umstehenden, Zeugen der Attacke, kriegen sich nicht ein vor Lachen. Ich habe Glück, wäre es nicht die ausgelassene Holi-Zeit, der Mob hätte mich möglicherweise gelyncht. Mit Göttern wird hierzulande nicht gespaßt. Ich gehe mit schmerzender Reichshälfte meines Weges, denke, die können mich doch alle (was sie nicht tun), und gelange zur Erkenntnis, dass selbst Göttinnen dann und wann zur Mieselsucht neigen. Es ist der Vorabend des großen Festes, der abgehobensten aller Partys, und ich bin Teil davon. Da darf man, verdammt noch eins, nicht so sein!

Happy Holi!
Jaisalmer, 1. März

Das ehemalige Militärfahrzeug verlässt die Hauptstraße, biegt auf eine Sandpiste ein, driftet in den tiefen Fahrrinnen und wird von Wand zu Wand geworfen. Wir halten vor einem ärmlichen Gehöft. Eine Staubfontäne verdunkelt den Vorplatz. Die Kinder wagen sich als Erste hervor, die Erwachsenen sind hinter ihren Kamelen in Deckung gegangen. Kobolde mit feuerroten Gesichtern krabbeln aus ihren Verstecken hervor, ihre strubbeligen Haarschöpfe stehen zu Berge. Was sind das für seltsame Wüstenwesen, die da ihren Unterschlupf verlassen?

Es ist das Haus meines Drivers Anup, die erste Station des Wüstentrips. Jung und Alt ist bereit für das Fest, das heute Abend mit Feuer und Trommeln seinen Anfang nimmt.

»Come in!«

Anup winkt mich in den Hof. Männer sehen mich erwartungsvoll an, die Frauen verschwinden im Haus.

»Happy Holi!«

Anups Bruder faltet die gelben Hände vor seinem grünen Gesicht. Das Haus besteht aus einem Zimmer. Ein alter Mann hockt da.

»My father. He is hundred.«

Der Alte schüttelt mir die Hände, ab nun sind sie blau eingefärbt. Eine Sterbende liegt da, mindestens doppelt so alt wie der Mann.

»Mother!«

»Namaste«, sage ich und: »Happy Holi.«

»Happy Holi«, flüstert die Greisin und versucht eine Hand zur Brust zu führen.

»Photo!«

Das Kommando kommt vom Alten. Ich schieße ein paar Fotos. Danach ist die Audienz zu Ende. Draußen, im Schatten eines Blechdaches, nehmen wir Platz.

»Tea?« Anup sieht mich an. Eine tief verschleierte Frau kocht Tee. »She has to cover her face, because you are an old man.«

In Anwesenheit älterer Männer müssen die Frauen das tun, vielleicht auch nur die Unverheirateten. Ich werde mich im Hotel erkundigen. Neben dem Lehmofen liegt das Brennmaterial, ein Haufen getrockneter Kuhfladen. Im Hof gibt's noch genügend Nachschub. Ob die Speisen danach schmecken? Ich erhebe mich und vertrete mir ein bisschen die Füße, drüben, bei den niedrigen Lehmhütten. Bunte Fabelwesen heften sich an meine Fersen. »Photo! Photo!« Einer der Buben nimmt mich an der Hand und führt mich in einen verdunkelten Raum. Ein paar Frauen kauern am Boden, dem Alter nach zu schließen die Ehefrau und die Töchter von Anup. Sie schneiden Gemüse für das abendliche Festmahl. Es gibt Kartoffeln, Erbsen, Karfiol, Chili und Zwiebeln.

Eine der Töchter erklärt mir die Fotos an der Wand. Uropa war einmal ein stattlicher Herr mit martialischem Schnauzer, wahrscheinlich ein hohes Tier bei Militär oder Polizei. Der heute Hundertjährige hat Karriere gemacht. Ehrfürchtig starrt das Mädchen auf das gerahmte Bild. Sie ist stolz auf ihren Urli. Ich sage, dass er gut aussieht, der hundertjährige General, und dann, weil es heute gut ankommt: »Happy Holi!« Vielstimmige Antwort. Die Mädels kudern. Das Eis ist gebrochen. Jetzt erst merke ich, dass die Frauen in meiner Gegenwart auf den Schleier verzichten. Bedeutet das, dass ich zu jung bin, um als künftiger Ehemann infrage zu kommen? Das Gegenteil will ich doch nicht annehmen. Vielleicht gelten Touristen ja auch als ungeschlechtlich. Durch die offene Türe sehe ich, dass Anup in Richtung Jeep unterwegs ist.

Kickstart. Steine spritzen, wir verlassen Haus und Hof und driften mit glühenden Reifen über die nächste Sanddüne. Der abfahrende Wagen begräbt den Vorplatz unter einer dicken Sandschicht. Die Kinder winken uns nach. Zusätzlich zur Farbe haben sie jetzt auch noch eine hübsche Panade auf ihren Gesichtern, sie sehen aus wie bunte Backhendln.

Zurück zur Asphaltstraße. Schnurgerade und kilometerlang liegt sie vor uns. Einzige Schikane: Sprungschanzen. Immer wieder hebt es uns regelrecht aus und wir landen etwas weiter bergab. Anup jauchzt vor Freude, ruft »Happy Holi!« und wir beide schlagen ausgelassen die Fünf. Nächste Station: die versunkene Stadt Kuldhara. Die Wüste hat ihr Terrain zurückgefordert, Häuser, Stallungen, Tempel, nur wenig davon ist unversehrt geblieben. Der allgegenwärtige Sand machte aus den Gebäuden kariöse Stockzähne. Das Leben hier ist seit Langem versunken. Die Menschen lebten unter uns, ihr Reich liegt viele Etagen tiefer.

In einiger Entfernung: eine Ansammlung von Häusern. Davor Kamele. Alle bunt eingefärbt. Freunde von Anup wohnen hier, sie begrüßen uns mit großem Hallo. Zuerst sind die Alten dran. Anup stürzt sich auf einen von ihnen und packt ihm mit beiden Händen Farbe ins Gesicht. »Happy Holi!«, schreit er. Der Überfallene ist alles andere als böse, im Gegenteil, er brüllt vor Lachen. Mit feuerrotem Gesicht sieht er jetzt aus wie der Leibhaftige. Was für ein seltsamer Brauch. Die Männer balgen sich wie die Kinder. Anup geht auch mir an die Wäsche und färbt meine Stirne rot ein.

Weiter geht die Wüstenjagd. Satte hundertzwanzig. West-Nord-West, immer in Richtung Pakistan. Plötzlich verreißt Anup die Karre und schwenkt nach rechts. Wir liegen schräg wie ein Katamaran bei der Halse. Ab jetzt gibt's nur mehr unbefestigte Pisten. Anup verringert das Tempo nur geringfügig. Warum auch? Die wenigen Kamele und Antilopen, denen wir begegnen, weichen aus. Spurrinnen, Büsche, wir überrollen alles. Nach einer ausgetrockneten Furt geht es steil bergauf. Anup lässt sich zurückfallen und nimmt Anlauf. Johnny Gnadenlos. Die Räder heulen. Im Sprungflug wuchtet er das schwere Fahrzeug über das Hindernis. »Happy Holi!«, kreischt er. Und auch ich. Bei einem riesigen, abgestorbenen Baum ist der Ritt zu Ende.

»Here we are. May I present you, the dunes!«

Ich sehe mich um. Dünen, so weit mein Blick reicht.

»See you after sundown, Sir.«

Ich kralle meine Picknick-Ration und beginne mit dem Aufstieg. Du lieber Himmel! Hat schon mal jemand eine Sandkiste hochgeklappt und versucht, hinaufzuklettern? Ein Schritt vorwärts bedeutet mindestens zwei zurück. Nicht einfach für Laien. Ich blicke mich um. Anup hat es sich gemütlich gemacht und winkt mir lachend zu. Ich lache zurück, aber eigentlich ist mir gar nicht danach. Ab nun sind Männer gefragt. Ich kämpfe mich den Sandhaufen hinauf. Oben angekommen, geht es ein Stück geradeaus, dann beginnt der nächste Aufstieg, aber wenigstens nicht mehr unter Anups Aufsicht. Um mich herum eine Welt aus Sand. Weiter. Aufwärts. Anup sagte es mir: »You have to go to the top!« Er hat recht. Ganz oben ist es am schönsten. Nur muss man da erstmal rauf. Wer je mit Tennisschlägern an den Füßen eine Tiefschneewanderung unternommen hat, weiß um die Qualen. Auf allen vieren arbeite ich mich nach oben. Ich rutsche zurück, versuche es noch einmal, rutsche wieder ab, kralle mich mit beiden Händen, woran … an Sand, verliere den Halt, habe ohnehin keinen, will aufgeben, nein, diese Tour habe ich von meiner Liebsten geschenkt bekommen, hier wird nicht schlappgemacht, ich muss da rauf, jämmerlich, ich keuche, liege auf dem verdammten Haufen, aktiviere den Turbo, buddle mich hoch wie ein Pillendreher.

Und irgendwann bin ich oben. Erschöpfung. Ich bin allein mit mir und mit der Natur. Völlig verausgabt liege ich da, im Sand, und beschränke mich auf das Wesentliche – atmen. Warum nicht Schwäche zeigen, besonders, wenn einem keiner zusieht. Ich öffne die Augen. Zwei schwarze Punkte fixieren mich. Ein Pillendreher. Bewegungslos hockt er da und glotzt mich an. Winzige Fußabdrücke führen durch den Sand, schnurgerade auf den Menschenhaufen zu. »Meet the nature«, stand auf dem Tripadvisor-Prospekt: Wüstentour, Sonnenuntergang inklusive. Ich habe nicht gebucht. Das Ergebnis aber ist gleich: Auge in Auge mit der Natur. Mehr geht nicht. Ich zwinkere dem Kollegen zu, sein linkes Bein zittert, als wollte er sagen: »Mach weiter, Dicker, wir sehen uns da vorne wieder!« Und weg ist er.

Weiter vorne finde ich tatsächlich ein schönes Aussichtsplätzchen. Ich blicke über das Land, bis weit hinüber zum Horizont. In dem Moment kommt auch der kleine Käfer angelatscht. Er sieht keineswegs erschöpft aus, kein Wunder, er sinkt ja auch nicht bei jedem Schritt knöcheltief ein. Im Gegenteil: Er wieselt obenauf und zeichnet ein anmutiges Muster in den Sand. Wieder blickt er mich an. Mensch und Natur vereinigt sich in diesem Augenblick zu einem einzigen körperlosen Gebilde und wird eins mit der Tiefe der Zeit. Rabindranath Tagore hat es in einem seiner Gedichte beschrieben:

Welche Stimme ist das,
aus der Dämmerung kommend,
Angst verkündend?
Nur der, der bereit ist zu geben,
und wäre es sein Leben,
verspürt sie nicht.
Nur er wird eins mit allem.

Dazu bin ich nicht bereit, noch nicht, aber ich begreife: Ich bin eins mit dem Pillendreher. Dabei will ich es belassen. Für den Moment ist es gut so. Nicht alles, was hinkt, ist ein Vergleich. Die Wüste reicht bis dorthin, wo die Hoffnung liegt.

Weit draußen sehe ich eine Karawane von Kamelen. Früher war Jaisalmer eine Handelsstadt, reich, mächtig und extravagant – das Tor in Richtung Zentralasien. Hier war der Umschlagplatz für die Schätze, die nach Arabien transportiert wurden. Hier draußen ist eine andere Welt, weit weg von den Großstädten Mumbai, Delhi, Kolkata, die riesigen Moloche, die in absehbarer Zeit an ihrer Größe zugrunde gehen werden. Jaisalmer, die stolze Wüstenstadt mit ihrem Fort hoch oberhalb der goldenen Befestigungsmauern, erscheint wie ein Gruß aus fernen Zeiten. Zahllose Havelis und Herrenhäuser, an die sich wirbelige Märkte, bunte Läden und zahllose Cafés schmiegen, säumen die Straßen. Wie wohlhabend müssen sie gewesen sein, die Kaufleute und Karawanserei-Betreiber, die ihre Residenzen so prachtvoll schmückten. Mit Beginn der indisch-pakistanischen Auseinandersetzungen war Schluss damit. Die Stadt, einst das Zentrum alter Handelsrouten, landete im Abseits, genauer gesagt an der Grenze. Seit 1947 verläuft sie hier – seit der Teil Indiens, in dem immer schon ein Großteil der Bevölkerung an die Lehren Mohammeds glaubte, zum neuen Staat Pakistan wurde.

Eine andere aus aller Herren Länder kommende Karawane zieht heute hier vorbei. Touristen. Sie überschwemmen die Stadt, im wahrsten Sinne des Wortes. Hundertzwanzig Liter Wasser pro Kopf braucht es, um den täglichen Bedarf an Nutzwasser zu stillen. Es versickert in einem völlig unzureichenden Kanalsystem und unterhöhlt mit der Zeit das sandige Fundament der Altstadt. Ihr droht der Untergang, sie versinkt. Bereits jetzt gehört Jaisalmer zu den gefährdetsten Stätten des Weltkulturerbes.

Ich kann den Blick nicht von der Sonne lassen, die sich langsam, ganz langsam im glutroten Sand verliert. Mein Freund, der Pillendreher, hat seinen Weg längst fortgesetzt, kein Wunder, er hat anderes zu tun, als bloß über die Welt zu schauen. Sein Horizont liegt näher. Das Schauspiel, das mich seiner Schönheit wegen zum Weinen bringt, ist für ihn Alltag. Langsam rutsche ich die Dünen abwärts.

Anup steht auf der Kühlerhaube des Jeeps und winkt. »Happy Holi!«, ruft er mir von Weitem zu. Unmittelbar darauf brausen wir auf das Lichtermeer von Jaisalmer zu. Entgegenkommenden Fahrzeugen wird erst im letzten Moment ausgewichen, der Wagemut der Wüstensöhne muss immer wieder neu bewiesen werden. Die ersten Häuser kommen in Sicht. Auf den Straßen brennen Feuer. Ganz Jaisalmer ist auf den Beinen.

Ich blicke über die Stadt. Überall lodern meterhohe Flammen in den Nachthimmel. Trommeln vertreiben das Böse, Hunde verbellen die Menschen, die sich mit Farbe bewerfen und deren Schreie durch die Straßen gellen. Auch mir ist heute zum Feiern zumute. Über der Wüste Thar habe ich einen betörend schönen Abendhimmel gesehen. Diese Freude trage ich im Herzen. Und weit drüben, im Westen, dort wo sich Sehnsucht in Hoffnung verliert, sitzt ein geliebtes Wesen am Küchenfenster und sieht gegen Osten, und ich denke, dass zwei Menschen in diesem Augenblick eins sind.

Unglaubliches Indien
Jaisalmer – Bikaner, 2. März

Bis zum Jahre 2035 soll Indien hinter den USA und China zur drittgrößten Industrienation aufgestiegen sein. Die Prognose ist nicht unrealistisch. Narendra Modi, seit 2014 Ministerpräsident des Landes, sieht es so. Chinas Wirtschaftsdaten sinken, Indien erzielt bereits heute höhere Wachstumsraten als der lästige Nachbar. Für die Ärmsten der Armen allerdings bedeutet das nichts. Sie rangieren immer noch am unteren Ende der Leiter, die in Indien nur wenige Sprossen hat. Mit weniger als einem Euro pro Tag müssen sie auskommen. Mehr als sechshundert Millionen Menschen, knapp die Hälfte der Bevölkerung, hat keinen Strom, weit über die Hälfte kein einigermaßen sauberes Wasser. Zahlen, die unter die Haut gehen. Mehr gefällig? Über vierhundert Millionen Analphabeten leben am Subkontinent. Dem gegenüber steht, dass nur ein (!) Prozent der Inder die Hälfte des landesweiten Privatvermögens in Händen hält.

Ich sitze in der AC-Class des Jaisalmer–Lalgarh Express 14703. Für die knapp dreihundert Kilometer nach Bikaner brauchen wir sieben Stunden. Immer wieder hält der Zug und wartet den Gegenverkehr ab. Draußen ist es glühend heiß. Wir durchqueren die Ausläufer der Wüste. Die Aircondition macht aus dem Waggon einen Tiefkühlschrank. Dafür muss man in die Tasche greifen. Für das Ticket der AC-Class habe ich knappe

4 Euro bezahlt, ein kleines Vermögen. Nach einer halben Stunde stelle ich erste Erfrierungen fest, ich wechsle in die deutlich billigere Sleeper-Class, sehr zum Erstaunen des Zugbegleiters.

Die Reise ist komfortabel, der Waggon praktisch leer. Insgesamt haben die Indian Railways sieben Preiskategorien. Die billigste Klasse kostet fast nichts, dafür ist sie auch meist überfüllt. Bei einem der unzähligen Bahnhöfe springe ich aus dem Abteil. An einem Straßenstand kaufe ich Somosa mit superscharfer Sauce, verpackt in die gestrige Zeitung. Imbiss und Info, Indien ist am Puls der Zeit.

Ankunft in Bikaner. Der Bahnhof liegt etwas außerhalb der Stadt, die Entfernung zum Hotel beträgt zehn Kilometer, eine Reise quer durch eine Mülldeponie. Bikaner versinkt im Dreck, ich habe noch nie eine schmutzigere Stadt gesehen. Heute ist Feiertag, die Stadt gehört den Tieren: Kühe und Ziegen lümmeln auf den Lehmpisten, Horden von wilden Hunden scharren nach Essensresten – wie die Verlumpten. Ihr Anblick dauert mich. Was tun angesichts so viel Armut? Aussteigen und Geld verteilen? Ein Umdenken müsste stattfinden. Nicht »Geben« sollte die Devise sein, sondern »Nicht wegnehmen«. Könnten die, die »haben«, nicht auch das, was sie »nehmen«, sauber versteuern? Fair Trade statt Ausbeutung. Nicht billig produzieren auf Kosten derer, die für einen Bettel zu haben sind, sondern teurer und sie auch fair bezahlen. Uns Konsumenten ist durchaus zuzumuten, einen angemessenen Preis für ein Produkt zu bezahlen, im Bewusstsein, dass derjenige, der es herstellt, auch davon leben kann. Die immense Marge des Zwischenhändlers müsste vom Endverbraucher boykottiert werden. Wir, die wir vom globalen Handel profitieren, sollten dafür sorgen, dass Kinder in sogenannten Dritte-Welt-Ländern Schulen besuchen können, statt für den Unterhalt ihrer Familien aufkommen zu müssen.

Könnten die, die »haben« nicht dafür Sorge tragen, dass arm nicht auch gleich krank bedeutet? Wenn sich der Staat dafür nicht verantwortlich fühlt, müssen wir ihn dazu zwingen. Denn der Staat sind wir, ob wir nun in diesem oder in jenem Land leben. Gesundheit muss für jeden leistbar sein. Zu simpel? Die Welt zu begreifen, ist nicht schwer. Nur weil die, die die Macht haben, etwas zu verändern, alles beim Alten belassen wollen, wird uns eingeredet, wie kompliziert das System sei. Dabei wäre es einfach: Niemand nimmt dem anderen Eigentum weg. Nestlé verkauft ab sofort kein Trinkwasser, das es ohnehin gratis gibt. China baut in Afrika keinen Reis an, um ihn dort teuer zu verkaufen. Und der griechische Olivenbauer soll gefälligst seine Oliven vor seiner eigenen Haustüre verkaufen dürfen. Weshalb das nicht so ist? Weil wir bei all dem mitverdienen wollen. Wenn griechisches Olivenöl nach Finnland verschifft wird, dort an den koreanischen Großhändler verkauft und über Südamerika schließlich wieder zurück nach Südeuropa transportiert wird, wenn das Salatöl also einmal um die Welt fährt, um endlich wieder in Griechenland zu landen und dort verkauft zu werden, dann haben mindestens vier Großkonzerne gut daran verdient. Natürlich ist das, was im Kanister drin ist, nicht mehr frisch, dafür aber viermal so teuer. Und so landet das Öl zu guter Letzt genau wieder vor der Haustüre des griechischen Olivenbauern – bei jenem Bauern, der die kleinen Dinger gepflegt, geerntet und gepresst hat.

Und so geht es auch den Kiwis, dem Joghurt, dem Fleisch und den T-Shirts, allem eben, womit gehandelt wird. Gnadenlos nämlich. Kinder aus Bangladesch sollten besser zur Schule gehen, als für H&M zu nähen. In der Welt könnte es gerechter zugehen, aber wer hat schon Interesse daran? Mache ich es mir zu einfach? Milchmädchen rechnen so. Ich will daran glauben. Je schwieriger die Aufgabe, desto naheliegender die Lösung.

An einer der Straßenecken ist eine Schlacht im Gange. Männer bewerfen einander mit Farbbeuteln. Die »Krieger« sind nicht mehr als menschliche Wesen erkennbar, scheinen eher wie die blauen Bewohner des Mondes Pandora aus dem Film *Avatar*, die gegen ihre menschlichen Feinde kämpfen. Bläulinge gegen Türkise, dazwischen taucht ein Grüner auf. So macht man auch hierzulande dem Winter den Garaus. Was, wenn am Wiener Opernball der gleiche Brauch eingeführt würde? Rot gegen Grün/Türkis, dazwischen ein bisschen Pink. Nur dass man die Farbe unter der Frackbrust trägt und der Tanz ums Goldene Kalb den Betroffenen wahrscheinlich deutlich weniger Spaß macht.

Ich bin bei der zweiten Hälfte meiner Reise angekommen. Zu Anfang Mumbai (Bundesstaat Maharashtra), weiter zu den Königsstädten Rajasthans, danach Agra, Delhi, Varanasi (Bundesstaat Uttar Pradesh) und schließlich Kolkata. Von dort wird es nach Europa zurückgehen. Die Reise sollte so flexibel wie möglich sein. Meine Faustregel lautet: Alleine unterwegs, Reisegruppen meiden und nicht mehr Gepäck mitführen, als am Rücken Platz hat. Das ist für fünf Wochen durch eines der schmutzigsten Länder der Welt ambitioniert. Ich bin Südostasien-Reisender, der Norden Indiens nötigt mir Respekt ab. Spaziergang ist das keiner, das wusste ich. Manchmal kann es sogar recht rustikal zugehen. Folgendes sollte jedem Indien-Reisenden bewusst sein:

- In Indien ist Armut allgegenwärtig.
- Indien ist eine Männergesellschaft. Der Stellenwert der Frauen ist erschreckend niedrig. Die sozio-ökonomische Aufteilung ist die: Alles, was Geld betrifft, ist Männersache.
- In Indien steht nur ein Wesen über dieser Hackordnung: die Kuh. Sie ist heilig und darf alles. Indien stinkt, aber man gewöhnt sich dran, vielleicht, weil man selbst nach Kuh zu stinken beginnt.
- Indien ist farbenfroh wie kaum ein anderes Land, ist aber gleichzeitig ziemlich schwarz-weiß.
- Indien ist fröhlich, kann aber unendlich grausam sein.
- Indien ist atemberaubend schön und abgrundtief hässlich.
- Indien ist ein Land der Extreme, kaum ein Klischee, das nicht bedient wird. Indien kann wehtun – da es sich selbst nicht schont, schont es auch seine Besucher nicht.
- Durch Indien kann man reisen wie ein Maharadscha. Es gibt die luxuriösesten Eisenbahnen weltweit: *Gol-*

den Chariot, Maharajas' Express, Palace on Wheels oder Royal Rajasthan on Wheels. Und dann gibt's natürlich noch die Indian Railways …

Natürlich hat man auch die Möglichkeit, sich durchs Land driven zu lassen. Die Verantwortung liegt dann in fremden Händen, man entmündigt sich quasi selbst. Will man das? Ich nicht.

Ich bin süchtig danach, mit Land und Leuten in Kontakt zu kommen. Ich reise alleine, individuell und spontan. Ich wähle günstige Hotels, wobei, gemessen am europäischen Maßstab, in Indien mindestens vier Sterne abzuziehen sind. Ich esse in einfachen Restaurants oder an Street-Food-Ständen, genau wie alle anderen auch. Und: Ich benutze Zug oder Bus (nur für sehr weite Wege setze ich mich, um Zeit zu sparen, in den Flieger). Dass man für eine solche Reise durch ein extrem chaotisches Land wie Indien geistig fit sein sollte, versteht sich von selbst. Nicht nur das: Man muss auch körperlich robust sein. Indien ist anstrengend. Wer sich's nicht zutraut, sollte es bleiben lassen. Die Vielfalt und all die Geheimnisse des Landes erlebt man nicht anders als am eigenen Leib – und mit all seinen Sinnen.

Mein Tuk-Tuk pflügt inzwischen durch einen See aus rosafarbenem Schlamm. Die bunten Menschen suchen sich als Opfer ihrer Farbattacken jenen Fremden aus, der da durch die Nacht irrt, sich im Schutz des klapprigen Fahrzeugs zu verbergen trachtet und der einmal mehr das Abenteuer dieser außergewöhnlichen Reise am eigenen Körper erfährt: Knallbunt, durchnässt und grundglücklich kommt er in seiner Absteige an, im Minus-

Drei-Sterne-Haus *Tanisha Heritage Haweli*, Aasaniyon Ka Chowk, near Rampuria Haveli, Bikaner, Rajasthan 334005, Indien. So, und genau so, hat er sich seine Reise vorgestellt.

Von Kamelen
Bikaner, 3. März

»They will come in half an hour!« Der Direktor des staatlichen National Research Centre on Camel, des angeblich größten seiner Art in Asien, gibt mir bereitwillig Auskunft. Ich warte unter einem mächtigen Banyan-Baum, in dessen Schatten ich Schutz vor der glühenden Nachmittagssonne suche. Neben mir drängeln sich noch ein paar Japaner im Kampf um eine strategisch gute Ausgangsposition. Meine Begegnungen mit Kamelen fanden bisher ausschließlich im Zirkus statt. Seit Tiernummern aufgrund nicht artgerechter Haltung verboten sind, hat sich auch das erledigt.

Weit außerhalb von Bikaner liegt die riesige Farm. Kamele brüllen furchterregend: Gutturale Laute gehen in dumpfes Röhren über. Aus der Aufzuchtstation dringt das Schreien der Fohlen. Zehn Liter Milch stehen dem Nachwuchs täglich zu. Zwei Männer sind gerade dabei, einem Neugeborenen die Mutterbrust schmackhaft zu machen – mit gespreizten Beinen steht die Stute da, während der Säugling behutsam zugeführt wird. Die Kollegen Fohlen, die noch nicht dran sind, brüllen sich die Kehle heiser. Doch die Mamis lassen sich Zeit. Erst wenn sie den letzten Happen Grünfutter vertilgt haben, widmen sie sich dem Nachwuchs. Angeblich erkennen sie ihre Babys an der Stimme. Knapp dreihundert Tiere verbringen hier ihre Karenz. Am Morgen verlassen die Erwachsenen die Farm, sind den ganzen Tag draußen in der Wüste, am Nachmittag kommen sie, brüllend vor Hunger wieder zurück. Auf dieses Spektakel warte ich.

Nach einem reichlichen Frühstück (Masala-Omelette, Toast, schwarzer Kaffee) bin ich heute aufgebrochen. Ein Erkundungsspaziergang durch die Altstadt von Bikaner steht auf dem Programm. Die Reste des gestrigen Holi-Festes sind nicht zu übersehen. Rot herrscht vor. Hausmauern, Straßenecken, Verkehrstafeln, Mopeds, Autos, Hunde und Kühe, alles ist gezeichnet von der Party (auch der Reisende hat sich wieder mal vergeblich bemüht, das lästige Rot aus den Haaren zu kriegen). Was auffällt, ist der instabile, vornüber geneigte Gang der Holi-Leichen. Hindus sind Hochprozentiges nicht gewohnt. Wenn schon Droge, dann Gras. Blau-grün-pinke Gesichter schieben sich vorsichtig an den Fassaden entlang.

In der Nähe meines Hotels, gleich neben dem kleinen Platz Rangari Chowk, befindet sich ein hübscher Jain-Tempel, ganz aus Sandstein. Die Tore stehen offen, es riecht nach Räucherstäbchen. Ich betrete das kühle Innere. Ein Mann, in rote Tücher gehüllt, sitzt mit gekreuzten Beinen da. Ich nicke mit dem Kopf und setze mich. Er erklärt mir, welchen Göttern wir gerade huldigen, ich dürfe mir ruhig einen aussuchen. Er arbeitet bei Thomas Cook. Woher ich komme? »Austria?« Und dann schiebt er nach: »Near to Germany.« Der Mann ist vom Fach, den obligaten Umweg über Australien ersparen wir uns.

»You are a writer, aren't you?«

Woher in aller Welt …?

Ob ich so freundlich wäre, ihn nach Hause zu begleiten, er wäre glücklich, mich auf eine Tasse Tee einladen zu dürfen. »Masala chai«, sagt er mit heiligem Ernst und rollenden Augen. Ich willige ein, ich hätte nicht gedacht, so bald schon Anschluss zu finden. Wir gehen durch enge Gassen, vorbei am Kothari Building, einem besonders prächtigen Stadtpalast, bis er an einer Türe mit heruntergelassener Blechjalousie stehen bleibt.

»My house.« Im Halbdunkel sitzt ein Mann mit Ehrfurcht gebietendem Bart, dessen Ende mit einem roten Faden abgebunden ist. Neben ihm steht eine Sauerstoffflasche. »Er ist krank«, sagt Kuldeep, mein Jain-Freund. Der Mann ergreift meine Hand, sein Atem rasselt wie eine Osterratsche.

»Wie alt ist er?«

»Alt. Er ist mein Vater.«

Ich falte die Hände.

»Dreiundsechzig.«

Der Alte, der so alt nicht ist, deutet mit dem Zeigefinger in meine Richtung. Mit heiserer Stimme bellt er ein paar Sätze, es klingt wie ein Befehl. Ich blicke Kuldeep an.

»He will give you a present.«

Eine Frau betritt den Raum, in der Hand hält sie eine Perlenkette, an der eine orangerote Quaste angebracht ist. Sie reicht sie dem Alten, der sie umständlich um meinen Hals legt. Der Tee wird serviert. Milch mit Zucker, nebst einem Teeblatt, das in der Tasse schwimmt – untrinkbar. Woher er meinen Beruf weiß, frage ich Kuldeep.

»Mein Vater beschäftigt sich mit Hellseherei. Ich bin Anfänger. Manchmal klappt's, manchmal klappt's nicht.«

»Diesmal hat's geklappt«, sage ich.

»Zufall. Ich stelle eigentlich Perlenschnüre her.« Ob ich so nett wäre, dies in meinen Reisebüchern zu erwähnen.

»Natürlich«, sage ich. Woher er weiß, dass ich über Reisen schreibe?

»Am Zeigefinger ist ein Rest von Tinte.«

Der Alte krallt sich meine Hand. »You have wife.«

»Yes.«

»And child.«

»Yes.«

»And now you are in India.«

Die Nummer hat mäßig begonnen, aber der Schluss war in Ordnung. Er bleckt seinen zahnlosen Mund.

»Motilal Surama«, sagt Kuldeep, »Just in case you will write about him. May I present you my sisters.«

Vier Girls treten auf und bleiben an der gegenüberliegenden Wand stehen. Ich sage (wenig originell): »How do you feel in India?«

Kuldeep antwortet für sie: »We like our Bikaner!« Die Mädchen wackeln mit den Köpfen, während Kuldeep mein Handgelenk studiert. »Anker?« Wenn das nicht unsere Freundschaft besiegelt, was dann? Wir zeigen uns unsere Tattoos, lachen und tauschen Adressen aus. Danach sind einmal mehr Fotos dran. Ich zücke meinen Apparat, aber nichts da. In der Türe erscheint das jüngste Familienmitglied, ein Knabe, mit einer schussbereiten Nikon. Die Frauen verlassen den Raum. »No photos with women. Not good in India. Not good.« Ich versuche den

Hellseher von Bikaner erst gar nicht zu überreden, manchmal kann man das Leben auch so nehmen, wie es ist – auch wenn man es nicht versteht.

Heiseres Brüllen und das Stampfen von Hufen. Der Hunger treibt die Herde gerade auf das Heimatgelände zurück, die Wüste gibt wenig Essbares her. Bikaner ist neben Jaisalmer die zweite bedeutende Wüstenstadt Rajasthans. Hunderte Kamele donnern an mir vorbei und erzeugen einen Sandsturm. Eine Japanerin, die sorglos in der Einflugschneise stand, bringt sich in letzter Sekunde hinter dem Stamm des Banyan-Baumes in Sicherheit. Die Kameltreiber schütten sich aus vor Lachen. Ihre heiseren Rufe leiten die Herde zu ihrer Koppel, stimmlich unterscheiden sich Mensch und Tier in nichts voneinander. Die Japaner haben sich inzwischen in der gelben Sandwolke aufgelöst. Ich gehe hinüber zur Tränke. Dutzende Hälse beugen sich gierig hinunter, die Köpfe der riesigen Tiere verschwinden in den Steinbottichen. Nicht einmal zehn Minuten benötigen sie, um hundert Liter Wasser zu saufen. Sie können es wochenlang in ihrem Körper speichern, der Tank steht auf Abruf zur Verfügung. Kamele sind Überlebenskünstler: Wenn nötig, schotten sie ihre Nüstern ab, sodass kaum Flüssigkeit über die Atmung verloren geht. Genauso geizig sind sie beim Pinkeln: Pro Tag verlieren sie nur einen Liter Urin, nichts im Vergleich zu einem Pferd, das zehn Liter täglich abstellt. Kamele müssen haushalten, sie sind wie gemacht für die Wüste. Entgegen landläufiger Meinung speichern sie das Wasser nicht in ihren Höckern, die dienen ausschließlich als

Energieaggregate, als Fettspeicher. Und: Sie schützen die Tiere vor der gnadenlosen Sonneneinstrahlung.

Die Kamele haben ihren Durst gestillt, die Männer reißen ihnen die Köpfe in die Höhe und führen sie zu den Stallungen. Aus ihren Mäulern hängen dicke Zungen, die zu lilafarbenen Ballons angeschwollen sind. Während die Tiere ihre Schädel nach links und nach rechts werfen, schlappen die Zungen hin und her. Weißer Schleim fliegt durch die Luft, die Japanerin geht unter dem schallenden Gelächter ihrer Gruppe erneut in Deckung. Das Zungensekret ist alles andere als appetitlich. Die Tierpfleger sind aber sichtlich gewöhnt daran, eingeschäumt wie bei einer Nassrasur laufen sie neben den Tieren her und bugsieren sie in die Stallungen. Für heute habe ich genug von Kamelen, ich fahre in die Stadt zurück. Zudem habe ich Hunger.

Den Vormittag verbrachte ich nach meinem Besuch bei Kuldeep im imposanten Junagarh Fort. Es steht, umgeben von einem mächtigen Graben, mitten in der Stadt. Das Gebäude diente unzähligen bikanischen Fürsten als Palast, der letzte war Maharadscha Ganga Singh. Ich gehe die Old Jail Road entlang. Der Name ist Programm. Ich muss aufpassen, dass ich meine Armbanduhr heil ins Hotel zurückbringe. Die Altstadt von Bikaner ist mehr als wirbelig. Märkte, Läden, Verkehr, Kühe, Menschen, die übliche Mischung. Die lehmigen Gassen sind unübersichtlich.

Da ich kein Restaurant finde, lande ich an einem Straßenstand und bestelle zwei Paneer-Speisen, dazu Curry und Chapati. Der Typ füllt alles in kleine Plastikschälchen, stellt sie auf ein schmutziges Tablett, drückt es mir in die Hand, winkt mich hinter einen Blechverschlag und gleich darauf stehen wir in einem Hof, der Müllplatz des Hauses. Denkste. Es ist die Küche. Eine Frau hockt inmitten von rußgeschwärzten Steinen und ebensolchen Pfannen am Boden und brät Chapatis. Auf übereinander gestapelten Autoreifen liegt ein Brett, zwei Männer sitzen daran und essen. Der Mann weist mir eine Holzkiste zu. Ich zögere, daraufhin bringt er einen Plastikstuhl, dessen Bein abgeknickt ist. Ich entscheide mich für die Kiste. Die beiden stellen sich als die Polizisten des Distriktes vor.

Inder sind sehr kommunikativ, ihr Englisch allerdings ist schwer zu verstehen. Konsonanten schlagen sie anders an als wir, sie glucksen und gackern, dass man nur aus dem Zusammenhang heraus erraten kann, was gemeint ist. Sie singen das hohe Lob auf ihre Heimatstadt Bikaner, auf die Wüste, auf Kamele, auf heilige Ratten sowie auf das Essen, speziell auf dieses hier. Ich bin voll und ganz einverstanden, mit Polizisten will ich mich eher nicht anlegen und ja, ich komme aus Australien, schreibe Reisebücher, das aber wirklich, über Indien, klar, eigentlich über Bikaner, über die Wüste, über Kamele, über heilige Ratten und das Essen, speziell über dieses hier. Es ist übrigens großartig. Curry à la Mama, bestes Dinner! Das Restaurant findet man sicher in keinem Reiseführer, zum Glück – so viele Reifen gibt's gar nicht, um die Touris rundherum zu versammeln und sie mit allen Köstlichkeiten abzufüllen, die es in Bikaner gibt. Genau diese Locations sind es, die ich suche und zum Glück immer wieder finde. Ich sollte mal darüber schreiben. Müllhalden-Food.

Im Kochtopf schmurgelt etwas Unförmiges. Es sieht aus wie eine dieser angeschwollenen Kamelzungen, die unter Blubbern im Maul der Tiere verschwinden. Ich bezahle und verabschiede mich von den Cops, meinen neuen Freunden. Im Vorbeigehen riskiere ich einen Blick in den Topf: Tote Augen glotzen mich aus einer weißlichen Brühe an. Könnte sein, dass sie mal einer Ziege gehört haben.

Am Heimweg stolpere ich über Tiere, die in den dunklen Gassen herumliegen. Manche schnappen nach mir, dann trete ich zurück. Sicherheitshalber habe ich immer einen Stock bei mir. Trotzdem die Stadt Neuland für mich ist, finde ich mich bereits zurecht. Nach nicht mal vierundzwanzig Stunden weiß ich, wo ich hingehöre. »I like Bikaner!« Bereits am ersten Abend muss ich Kuldeep recht geben.

Die Ratten von Deshnok
Bikaner, 4. März

Am Ticketschalter der Bikaner Junction Station stehe ich mir die Füße in den Bauch. Einige Ticketschalter stehen zur Auswahl, gemäß des Murphy'schen Gesetzes warte ich am falschen. Eine halbe Stunde lümmle ich hier bereits herum, und es besteht kaum Aussicht, dass ich heute noch drankomme. Ein Schalterbeamter rollt die Augen, was bedeuten könnte, dass ich hier falsch bin, oder aber, dass ich als Nächster drankomme. Ersteres ist der Fall. Ich muss auf die andere Seite des Bahnhofs, ums Gebäude herum, links, wieder links und dann rechts. Mit klaren Ansagen kann ich leben. Vergitterte Fenster, auch hier. Wohin? Ich wähle den Schalter mit der kürzesten Warteschlange davor. Wieder falsch. Ein Beamter wedelt mich eine Luke weiter. Ich wechsle und lande erneut am Schluss der Reihe. Dann bin ich dran.

»Tourist?«

Ich nicke.

»Go to the tourist counter!«

Der Typ bläht die Backen wie ein Karpfen, ein Kollege übernimmt meinen Fall.

»Was ich hier will? Was alle hier wollen, eine Fahrkarte.«

»Der morgige Zug ist ausverkauft.« Er wackelt mit dem Kopf, mustert mich von oben bis unten, dann fragt er nach meinem Alter. Schon wieder! Ich beuge mich nahe an die Luke und flüstere: »Hundred.«

»Okay, Sir. You are lucky.«

In Indien zählt das Alter noch was. Etwas beleidigt bin ich schon, dass er kein bisschen protestiert hat, andererseits weiß ich jetzt wenigstens, wie man's anstellen muss: Man sagt »hundert« und man hat, was man will. Ich halte eine Fahrkarte in der Hand.

Vor dem Bahnhof besteige ich ein Tuk-Tuk. Mein Ziel ist der Goga Gate Circle im Südosten der Stadt. Ich habe recherchiert. Von diesem gottverlassenen Platz aus fahren die Busse zu einer der merkwürdigsten Sehenswürdigkeiten des Landes, zum Rattentempel von Deshnok. Der Tuk-Tuk-Fahrer macht mir ein Angebot: Für vierhundert Rupien ist er bereit, mich hin- und zurückzuführen. Die Strecke beträgt dreißig Kilometer, der Preis ist fair: Fünf Euro, da kann man nicht meckern. Womit er nicht gerechnet hat: Wenn ich »Öffi« fahren kann, dann tue ich das auch. Außerdem: Er könnte ja im Laufe der Fahrt einen Aufschlag verlangen, alles schon erlebt. Der Lockpreis muss nicht der Endpreis sein. Am Circle springe ich aus dem Fahrzeug – er hält nicht mal an, so erbost ist er.

Auf der Ausfallstraße, die einer Müllhalde gleicht, wimmelt es von Kamelfuhrwerken, Eselskarren und den obligaten Kuhherden. Heute Früh hat es geregnet. Ich wate im Schlamm. Kurz darauf: Vollbremsung. Von einem einst schmucken Überlandbus blieb nicht mehr als eine Blechkiste übrig, die Frontscheibe ist mit Devotionalien verhängt. Die Kuh, die gerade an mir schnuppert, scheißt sich an vor Schreck. »Deshnok!«, ein Junge springt aus dem Bus. Der Bus ist knallvoll. Ich ergattere ein Sprissel und klammere mich fest.

Kaum fährt er los, schieben noch weitere Passagiere nach. Hoffnungslos überladen, mit Menschentrauben auf den Trittbrettern, setzt sich das Ungetüm in Bewegung. Ich klebe an der Backe eines Turbanträgers. Er brüllt mich an, ich möchte ins Businnere vorgehen. Die Passagiere lachen, manche schütteln den Kopf. Der Alte lässt nicht locker. Ich gebe ihm auf Wienerisch Kontra. Jetzt lachen alle. Die Folge ist ein Schreiduell. Ich kann mich keinen Millimeter bewegen, ich stecke fest. Sardinen sind von Natur aus freiheitsliebende Tiere. Das hört sich auf, wenn sie im Öl landen. Die Firma Nuri will es seit Neuestem wieder wissen und pfercht die armen Schweine dicht an dicht in die altbewährten gelben Dosen. Im Land der Menschenmassenhaltung kann ich es ihnen nachfühlen wie kein anderer.

Wieder bellt mich der Kerl an, wieder lachen die Leute, wieder kriegt er eins im tiefsten Meidlingerisch um die Ohren. Road Show in der Wüste Thar, Kurswagen nach Deshnok. In den Bus passt inzwischen kein Löschblatt mehr, dennoch steigen bei jeder Station Menschen zu. Die körperliche Nähe und die brütende Hitze machen's möglich: Wir sind zu einer homogenen Masse verschmolzen. Lächeln, Zwinkern, Kopfwackeln (sofern es sich ausgeht). Name? Woher, wohin, weshalb? Alles wird von der fremden Sardine beantwortet. Nase an Nase. Eine Stunde später haben wir es geschafft. Deshnok. Busterminal. Hier wollen alle hin. Ich stehe vor einer traurigen Reihe kleiner, schmutziger Restaurants, nehme das nächstliegende und deute auf eine Speisekarte. Gibt's nicht mehr. Was anderes auch nicht. Was dann? Das Dhal ist passabel, das Curry weniger. Flucht.

Ich überquere die Straße und betrete bizarres Terrain. Ein Tempel, der der Inkarnation der Göttin Durga geweiht ist. Karni Mata heißt die Dame, die das Auffinden von Wasser ebenso draufhat wie das Wiedererwecken Verstorbener. Wer das beherrscht, wird mit Recht selbst unsterblich. Das Besondere: Der Tempel wird ausschließlich von Ratten bewohnt. Etwa zwanzigtausend sollen es zurzeit sein, genaue Zählung ausgeschlossen. Die Ratten gelten, wie könnte es anders sein, als heilig. Sie verkörpern die Reinkarnation der Verstorbenen. Füttern ist ausgesprochen erlaubt, erspart sich das dadurch die Tempelverwaltung. Da die kleinen Nager auch durstig sind, ist es fürs eigene Seelenheil empfehlenswert, die bereitstehenden Schälchen mit Milch zu füllen. Am Eingang muss man die Schuhe abgeben. Bei Touristen aber wird schon mal ein Auge zugedrückt, sie dürfen auch in Socken durch die Rattenkötel wandern. Inder sind härter im Nehmen, sie betreten den Tempel blanken Fußes. Da ich mir nun mal vorgenommen habe, so authentisch wie möglich zu reisen, betrete auch ich den Tempel bloßhappert. Aber Vorsicht! Es kann teuer werden, wenn man auf einem der Tierchen ausrutscht. Die Strafe ist drakonisch: Die Ratte wird mit Gold aufgewogen. Wer nicht bar zahlt, wird gelyncht. Sollte allerdings eines der Tiere über Besucherfüße spazieren, ist Seelenheil garantiert. Besondere Gnade erfährt der Gläubige, wenn er den kleinen Göttern mitgebrachte Speisen reicht und dann selbst vom gleichen Napf isst (oder trinkt). Ein Mann liegt der Länge nach zwischen den Köteln, Tanten und Onkeln latschen über ihn drüber, dabei verdreht er glückselig die Augen.

Ich ekle mich selten, die Ratten von Deshnok aber bringen mich an die Grenze: Räudigeren Viechern bin ich in meinem Leben nicht begegnet. Über deren Ausscheidungen zu spazieren, ist eine Erfahrung der besonderen Art. Der Gestank spottet jeder Beschreibung. Rund um das Allerheiligste schlürfen Pilger die von der Hitze gestockte Milch. Essensreste zu vertilgen, die die kleinen Heiligen stehen lassen, gilt als das Nonplusultra unter den Heilssuchern.

Ich sitze auf den Stufen des Tempels, kämpfe gegen das Erbrechen und versuche, meine Eindrücke zu Papier zu bringen. Die Leidensschwelle ist erreicht. Ich kämpfe mich durch die Scheiße zurück in Richtung Ausgang. Pilgerströme drängen ins Tempelinnere. Ein junger Mann schiebt mir etwas in den Mund. Ich wage nicht, es auszuspucken, man weiß nicht, welche Folgen das hätte. Ich kaue und schlucke einen gezuckerten, gestockten Brei. Würg. Der Junge verteilt heilige Happen. Ich neige mein Haupt, falte die Hände und habe nichts anderes im Sinn, als diese reichlich extravagante Stätte so schnell wie möglich zu verlassen. Glauben mag tröstend sein, solange niemand Schaden daran nimmt. Wie viele kleine oder große Geschäftemacher aber verbergen sich hinter den heiligen Ratten von Deshnok? Die Gläubigen fragen nicht nach. Wer's mag, soll's mögen. Ich nicht. Ich verlasse Deshnok im Bewusstsein, dass mir Reinigung guttäte. Keine seelische. Körperliche. Und zwar sofort.

Ich kehre in die Stadt zurück und stelle mich unter die Dusche. Das Wasser ist eiskalt. Dennoch genieße ich es in vollen Zügen. Ich kann nicht aufhören. Ein Warmduscher pritschelt im Eiskanal und ist einfach nur glücklich. Ich fasse es nicht. Die Ratten haben auch an mir ein Wunder vollbracht. Ein eisiges noch dazu.

In neuen Städten
Bikaner – Jaipur, 5. März

Um fünf Uhr früh gehört die Welt den Hunden. Sie markieren ihr Revier und beißen alles weg, was zwei Beine hat. Um diese Zeit ist es nicht ratsam, unterwegs zu sein, die Hunde würden ihre Chance nützen. Kühe liegen in der Gegend herum, Kamele lehnen an Hausmauern, blasiert, als ginge sie all das Leben rund um sie nichts an. Tut es ja auch nicht. Sogar wilde Schweine wühlen im Dreck der Gassen.

Das Tuk-Tuk habe ich am Vorabend bestellt. Pünktlich wartet es vor der *Tanisha Heritage*. Meine neue Familie hat mich wie einen verlorenen Sohn aufgenommen. Mein Zimmer lag auf der Dachterrasse, ganz oben, dem Himmel nah. Omi hat mich vorzüglich bekocht, die Thali-Platten haben sich gebogen. Anlässlich meines Abschieds versammelt sich die Familie im Wohnzimmer. Nach einem kurzen, pechschwarzen Kaffee besteige ich das dreirädrige Fahrzeug. Endstation Bahnhof. Die Bikaner Junction Station ist beleuchtet wie ein Christbaum.

»How much?«

»What you give.«

Normalerweise wird gefeilscht, dass die Schwarten krachen. Am Morgen gelten andere Gesetze. »Happy Money« nennt man den Erlös der ersten Tagesfuhre. Ich gebe das Doppelte des Üblichen und bin froh, den wilden Hunden Bikaners entkommen zu sein.

Der Expresszug Nr. 12406 nach Jaipur Main Station rollt pünktlich auf Gleis zwei ein. Ab heute weiß ich, was es heißt, in einem indischen Zug zu sitzen. Ich habe Mühe, meinen Sitzplatz zu verteidigen. Über, unter, neben mir sitzen und liegen sie: Junge, Alte, Babys, Omas – nach den Feiertagen ist halb Indien unterwegs. Heute stellt sich mein Platz am Fenster als Nachteil heraus. Da man es nicht schließen kann (wozu auch, es gibt keine Scheiben), pfeift der Fahrtwind durchs Abteil. Alle wickeln sich in Decken, der Traveller friert. Erst gegen sieben Uhr geht die Sonne auf, gegen elf wird es wärmer. Zu Mittag brennt die Sonne herein.

Das Abteil ist gesteckt voll, Frühstückszeit. Blechdosen werden verteilt: Curry, Chapati, Früchte, Süßigkeiten, Reis. Es wird getunkt, gegessen, geschleckt. Inder essen mit allen Sinnen, vor allem mit den Händen. Die Linke ist die »Sanitätshand«, sie gilt als unrein und wird während der Mahlzeit unter dem Tisch (in dem Fall unter dem Schoß) verborgen. Die rechte Hand faltet das Brot, tunkt es ins Curry und befördert es in den Mund. Auch der Reis wird mit der Sauce zu Brei vermengt, Zeige- und Mittelfinger bilden eine Art Schubrampe, über die der Daumen das Päckchen in den Mund befördert. Gekaut wird mit offenem Mund, weshalb, weiß ich nicht. Es scheint ihnen ebenso genetisch vererbt zu sein wie den Chinesen das Schlürfen und Rülpsen.

»Hungry, uncle?«

Im Nu bin ich in die Neigungsgruppe des Abteils integriert. Mit offenem Mund schmatze ich mit meinen neuen Verwandten um die Wette, schlafe selig ein, träume von einem riesigen Blechnapf, an dessen Rand ich mich in Todesangst anklammere, fettige Finger greifen nach mir, eine Chapati-Flade, groß wie ein Ufo, umschließt mich und ich rutsche in den Schlund einer gefräßigen heiligen Ratte. In dem Moment, als sie zubeißen will, fällt mir der Kopf auf die Schultern. Ich schrecke hoch. Ein Greis hockt auf meinem Schoß und isst genüsslich mein Curry auf. Er zwinkert mir zu und wackelt mit dem Kopf. Jobbt er im Nebenberuf als Ratte? Ich werde es nicht erfahren.

Sieben Stunden später: Jaipur! Das übliche Getriebe. Tuk-Tuk, Hotel, Check-in, Vorausbezahlen des Zimmers – diesmal zu Recht, es ist so schmutzig, dass ich es im Leben nicht genommen hätte, hätte ich es nicht gerade eben bezahlt. Ich schalte auf Überlebensmodus. An der Rezeption frage ich nach einem Stadtplan. Er ist auf Butterbrotpapier kopiert und so riesig, dass das vierhundert Kilometer entfernt liegende Delhi auch noch drauf ist. Also präge ich mir auf Google Maps die Lage der wichtigsten Gebäude ein. Und, kein Witz, während des Gehens verfolge ich den Lauf der Sonne. Auf Reisen entwickelt man seltsame Fähigkeiten. Den ersten Weg auf neuem Terrain lege ich zu Fuß zurück, nur so kann ich die Umgebung des Hotels scannen. Jeder Richtungsschwenk wird registriert, ich lege gewissermaßen eine imaginäre rote Linie auf dem Boden aus. Weiters benutze ich nur große Straßen, kleine stören den Gesamtüberblick. Worauf ich noch achte: markante, hohe Gebäude. Sie dienen mir als unverrückbare Wegweiser.

Ich streife durch den Dschungel von Jaipur, eine auf den ersten Blick saubere Stadt (von Rajasthan bin ich inzwischen anderes gewohnt). Ich gehe und gehe und gehe. Einmal touchiert mich ein von hinten vorbeibrausendes Motorrad, später gerate ich beinahe unter die Hufe eines Kamels. Was wäre das für ein Ende meiner Geschichte! Dass dem nicht so ist, verdanke ich der umsichtigen Natur des riesenhaften Tieres. Man tritt hier nicht auf Touristen. Sehr brav.

Mein Blick fällt auf ein extravagantes Gebäude, das *Raj Mandir*. In der Skala der zehn schönsten Kinos der Welt belegt es den ehrenvollen dritten Rang, in der Asien-Wertung Platz eins. Eine Ehrentafel ist neben dem Eingang angebracht. Diese lesen und am vergitterten Kassafensterchen eine Karte für die Nachmittagsvorstellung kaufen, ist eins. Das Kino ist kein Kino, es ist ein Palast. Beim Eintritt ins Foyer raubt es mir den Atem. Als ehemaliger Direktor eines der größten deutschsprachigen Theater bin ich manches gewohnt, dies hier aber trifft mich senkrecht in die Magengrube. Was dem Moslem die Kaaba, dem Himmelsstürmer Cape Canaveral und dem Stierkampf-Aficionado die Corrida de Toros in Ronda, ist dem Cineasten das *Raj Mandir* in Jaipur. Das Art-Déco-Foyer, die Lampen, die ausladende Freitreppe, die Türklinken, Portale, Sitzbänke, die Buffettheke, das Muster des riesigen Spannteppichs könnten der Ausstattung eines Bollywood-Revueschinkens nachempfunden sein. Fred Astaire, Gene Kelly oder deren indisches Pendant, Shahid Kapoor, wären perfekte Gastgeber. Der heutige nachmittägliche Horrorfilm allerdings lässt mich kalt.

Oder ist es die Klimaanlage, die mich innerhalb von Minuten zu Eis verarbeitet? Bis zur Pause halte ich durch. Im gut gefüllten Auditorium hocken Menschen aller Altersstufen, vom Säugling bis zum Greis. Das Jugendschutzgesetz steckt hier wohl noch in den Babypatscherln.

Ich muss hinaus aus der Pracht des schönen Scheins, in die wohltuende Wärme der sanft über Jaipur liegenden Abenddämmerung. Den Rückweg ins Hotel genieße ich in einem Elektro-Tuk-Tuk, mal was anderes. Gesteuert wird das Gefährt von einem winzig kleinen Mann, der die Adresse meines Hotels studiert und den Kopf schüttelt. Der Reisende bleibt gelassen, seine Stunde ist wieder einmal gekommen: Mit knappen Kommandos dirigiere ich uns durch den Abendverkehr. Der Alte hat sich eine Extraportion Trinkgeld verdient: Nicht dafür, dass er den Weg so vorbildlich gefunden hat, sondern dafür, dass er sich dem Fremden so selbstvergessen anvertraut hat.

Das Reiskorn
Jaipur, 6. März

Die Stadt in der Stadt ist einzigartig: Sie ist pink, man glaubt es nicht. Allein das lohnt den Besuch. Auf fünfzehn Quadratkilometern steht ein geometrisches Muster an Straßen und Gassen, verwirrend, aber übersichtlich. Lower Manhattan lässt grüßen. Hier kann man sich schwerlich verlaufen. Die Viertel sind nach Zünften geordnet. Plastikkübel bekommt man in der Plastikkübel-Gasse, Radiergummis in der Radiergummi-Gasse und Fahrradspeichen in der Zweirad-Gasse. Das hat System. Ein ganzes Stadtviertel hat sich auf Saris spezialisiert. Die Damen Käuferinnen hocken inmitten bunt bedruckter Stoffe auf dem Boden der schmalen Läden, umringt von unzähligen Beraterinnen. Lautstark werden die Modelle kommentiert. Stoffe gibt's in jeder Tonart: vom touristischen Polyester-Billigberger bis zur kostbar bestickten Hochzeitsseide. In manchen Boxen führen Lookalikes die Modelle vor, trendigen Shop-Besitzern ist jedes Mittel recht. Die Kundinnen werden mit Tee und Süßigkeiten bei Laune gehalten, während an ihren Doppelgängerinnen gesteckt und gezupft wird.

Stundenlang könnte ich zusehen, aber ich muss weiter, die Attraktion Jaipurs wartet: Der Hawa Mahal, besser bekannt als der »Palast der Winde«. Lange irre ich durch die Gassen, überquere Plätze, laufe über Straßen, klappere jeden Street-Food-Stand ab, um nach dem Weg zu fragen, der Windpalast ist unauffindbar. Ich beginne die Sache strategisch anzulegen, ziehe konzentrische Kreise, nähere mich tangential. Vergeblich. Das Schwarze Loch schlägt zu, der Palast ist und bleibt verschwunden. Was bleibt, ist der Zufall, und der kommt mir zu Hilfe. Ich mache mich an einen (alten) Mann heran und ergreife dessen Hand: »Austria! I'm looking for the Hawa Mahal!«

»Australia?«, tönt es zurück. »My son lives in Australia. Good country. Come!« Er krallt sich an mir fest, führt mich an Sohnes statt durch die Gassen und lässt mich erst wieder los, als wir vor dem Palast stehen. Zu meiner Entschuldigung sei gesagt, dass zum Zeitpunkt meines Besuches halb Jaipur eine Baustelle ist, sie buddeln eine U-Bahn quer unter der Stadt, und das Viertel um den Hawa Mahal ist ein einziges Loch. Der Alte wackelt mit dem Kopf und genießt seinen kleinen, für mich gar nicht kleinen, Triumph. Er hat's für seinen Sohn getan.

Die Suche hat sich gelohnt. Der Palast der Winde gehörte einst zum Palastkomplex des Maharadschas, heute ist das Gebäude öffentlich und entsprechend überrannt. Im Grunde besteht es aus der bekannt spektakulären Fassade. Hunderte kunstfertig vergitterte Fenster und Balkone lassen die Front mächtiger erscheinen, als sie eigentlich ist. Der Palast scheint nach Plänen des russischen Feldherrn Grigori Potjomkin entstanden zu sein: Hinter der Fassade verbirgt sich nichts als ein schmales Handtuchhaus, in dem ein Großteil des Harems untergebracht war.

Vor allem bei Paraden konnten die Damen das Straßengeschehen ungesehen beobachten, denn von außen ist es nicht möglich, durch das kunstvoll durchbrochene, an Brüsseler Spitze erinnernde Steingitterwerk zu sehen. Die Mädels waren bestens geschützt. Weggesperrt muss man richtigerweise sagen, aber diese Debatte zu führen, ist in Indien obsolet. Den Namen verdankt der Palast übrigens nicht den Flatulenzen seiner Bewohnerinnen, sondern der Tatsache, dass ein beständiger Lufthauch durch die ehrwürdigen Mauern zieht, eine natürliche Aircondition, die ich gerade mehr als genieße, hat mich doch die Schnitzeljagd gehörig ins Schwitzen gebracht. Ich fotografiere das rajasthanische Weltwunder von allen Seiten, besonders vom vis-à-vis gelegenen *Wind View Café*, erklimme alle Stockwerke, quäle mich an den Besuchermassen vorbei und bin froh, bald wieder draußen zu sein. Den Hinweis für die Mittagsrast gibt mir ein Tuk-Tuk-Fahrer. Das *LMB* ist ein heißer Tipp in Sachen Nahrungsaufnahme. Er sollte recht behalten. Das Essen war heiß, geschmeckt hat es nicht.

Wie jede der klassischen Königsstädte besitzt auch Jaipur seinen eigenen Stadtpalast. Und auch hier gilt wie anderswo: Der (de jure) noch regierende Maharadscha bewohnt einen Teil davon, der überwiegende Rest ist der Öffentlichkeit zugänglich. Auf dem Dach wehen zwei Fahnen: die der fürstlichen Familie und eine kleinere, die ihre Anwesenheit anzeigt. Ich bin zur rechten Zeit da, Hof und umliegende Gebäude sind festlich geschmückt. Blumen, Kandelaber, Läufer, Standarten, was nicht alles. Großes wirft große Schatten voraus. Ich frage einen Mann der Palastwache, ob all die Vorbereitungen mir gälten. Der Knebelbart zittert.

»Royal Wedding!«, knurrt er, »this evening.« Ich frage, ob ich mir die Soap ansehen darf, er versteht Bahnhof und schüttelt erwartungsgemäß den Kopf. Ich unternehme einen letzten Versuch: »I am European member of the Royal Family.« Er mustert mich von oben bis unten, sein Turban rutscht ihm dabei vor Schreck fast vom Kopf, dann grinst er mich an und legt seinen silbernen Zeremonienstab auf meine Schulter. »I know«, brummt er und wendet sich Wichtigerem zu.

Da ich meine schriftliche Einladung zufällig nicht dabeihabe, ziehe ich, auch um einer möglichen Amtshandlung zu entgehen, vorsichtshalber Leine und verfüge mich in den königlichen Shop, um ein Reiskorn zu erwerben, auf das ich den Namen Claire gravieren lasse. Es mag als Symbol gelten: Auf diese Weise bekomme ich wenigstens den kleinsten Teil der königlichen Hochzeitstafel ab, Knebelbart hin oder her.

Ein anderer Teil des Palastgeländes weckt mein Interesse. Ende des 18. Jahrhunderts errichtete Jai Singh, Regent, Wissenschaftler und Hobby-Astronom, mehrere aufsehenerregende Gebilde. Die Teile aus goldgelbem Marmor sind über die Maßen groß und ergründen bis zum heutigen Tag die Geheimnisse der Sternkunde. Solange die Sonne über Jaipur aufgeht, werden die hochkomplexen Instrumente ihren Dienst tun, bestimmen Position und Lauf der Sterne, geben die Zeit auf Sekunden genau an und sagen, unter anderem, die Intensität des bevorstehenden Monsuns voraus. Ablesen kann man das alles an Schattenlinien, die sich aus dem Stand der Sonne ergeben. Star der intelligenten Skulpturen ist ein rundes Instrument, das sich aus zwei in den Boden versenkten Halbkugeln zusammensetzt. Eine Menge verwirrender Messlinien läuft kreuz und quer über deren Oberflächen. Ein über dem Instrument schwebender Metallring gibt Tag, Uhrzeit und das aktuelle Tierkreiszeichen an. Noch heute benutzen es die Sterndeuter des Hofes, um den günstigsten Tag für bevorstehende Hochzeiten herauszufinden. Glück und Segen für Hochzeitspaare stehen hier wie anderswo in den Sternen.

Vorbei an den rosaroten Häusern schlendere ich zurück ins Hotel. Seine Farbgebung verdankt Jaipur übrigens dem Besuch des Kronprinzen von Wales, Albert Edward. Um seinen Empfang festlich zu gestalten, ließ der Maharadscha die heruntergekommenen Häuser mit der traditionellen Farbe für Gastlichkeit überpinseln. Ende des 19. Jahrhunderts bestand die Stadt aus diesem noch heute bestens erhaltenen Stadtkern: Die pinke Stadt, ein Weltkulturerbe, war geschaffen.

In einer der Gassen zieht mich ein Hindu-Tempel an. Er ist schmutzig, zugleich wunderbar theatralisch. Ich ziehe meine Schuhe aus, behalte sie aber vorsichtshalber in der Hand – beim Eingang liegen Hunderte andere zur freien Entnahme herum. Ein Gläubiger faucht mich an, dass Schuhe im Inneren der Anlage nichts verloren hätten, auch wenn sie in der Hand gehalten werden. Okay. Ich werfe sie auf den Haufen und überlasse sie ihrem Schicksal, dann tappe ich vorwärts ins Halbdunkel – für mich, der ich von draußen komme, ins Stockdunkle. Ein Mann berührt mich am Arm. Der Mann spricht leise, ich muss mich zu ihm hinunterbeugen, um ihn zu verstehen. Sein Englisch ist gut. »Wir verehren Lord Shiva und all die anderen Götter, aber wir beten sie nicht an. Wir begrüßen sie. Sie sind Mittelsleute zu etwas Größerem. Zur Natur. Sie ist das Allerhöchste. Die Natur steht über jedem Gott. Solange es sie gibt, gibt es uns Menschen. Das ist der Lack.«

Mit schlaksigen Worten erklärt mir der Mann den Hinduismus. Er umfasst verschiedene Glaubensvorschriften, moralische Gesetze, die uns den Weg unseres Strebens nach Harmonie weisen, bei gleichzeitigem Respekt vor dem Zusammenleben aller Menschen. So einfach ist das, wäre das. Das Drumherum ist ein Geflecht aus mystischen Geschichten und Legenden, die in Tausenden Büchern zusammengefasst sind und deren umfangreichstes das Epos *Ramayana* ist. Ich schlage eine Glocke an, um Lord Shiva zu begrüßen, verneige mich vor einer blumenbekränzten Kuh, in deren Ohr die Gläubigen fromme Worte flüstern, tue desgleichen, finde meine Schuhe wieder, betrachte das als ein wohlwollendes Zeichen und verlasse den heiligen Ort.

Oben auf meiner Dachterrasse kippe ich einen tiefen Schluck und beobachte das Feuerwerk über dem festlich beleuchteten Stadtpalast. So nehme ich, wenn auch aus angemessener Distanz, letztlich doch an der königlichen Hochzeit teil. Als nunmehriger Nachfahre Shivas bin ich dazu berechtigt: Glocke und Kuh haben es möglich gemacht. Sterne fallen auf die prächtigen Havelis der Stadt, verglühen, bevor sie den Boden berühren, und geben Kunde vom großen Tag der Royals, nicht zuletzt davon, dass der Traveller auch seinen Teil von der königlichen Hochzeitstafel abbekommen hat, auch wenn es sich nur um ein einziges Reiskorn handelt.

Letzte Fragen
Jaipur, 7. März

Die Studenten des University Maharaja's College lachen sich zu Tode. Der Mann mit dem Rucksack fragt nach dem, ihrer Meinung nach, wichtigsten Wort auf Hindi. Auf diese komplexe Frage haben sie keine Antwort. Ich hake nach: Sie könnten doch einfach ihre erste Assoziation sagen, es darf ruhig auch etwas Philosophisches sein. Lange beraten sie, immer unterbrochen von neuerlichen Lachanfällen. Dann ist der Drops gelutscht. »Namaste«, sagt der Wortführer der Gruppe. »Namaste« bedeutet wörtlich übersetzt: »Ich verbeuge mich vor dir.« Es ist der hier gebräuchliche Alltagsgruß. Ich erkundige mich nach ihrem Studium. Sie sagen: »Philosophie.« Ich frage: »Bedeutet ›Namaste‹ Begrüßung oder Verabschiedung, oder beides?« Gelächter. Die Herren Philosophen wackeln verwirrt mit den Köpfen. Meine Frage überfordert sie, sie bleibt akademisch ungelöst.

Gleich neben der Uni liegt der weitläufige Ram Niwas Garden, benannt nach dem Auftraggeber Maharadscha Ram Singh. Hier, inmitten einer großen Rasenfläche, steht das Denkmal eines der populärsten und wichtigsten indischen Politiker: des am längsten amtierenden Ministerpräsidenten des Landes, Jawaharlal Nehru. Am 15. August 1947, zeitgleich mit seiner Vereidigung, traf er eine weitreichende Entscheidung: die Teilung Indiens und gleichzeitig die Gründung des Staates Pakistan. Millionen

Menschen verloren ihre Heimat, aber die Muslime bekamen, was sie wollten, einen eigenen Staat. Gandhi hat sich vergeblich für seine Vision des friedlichen Zusammenlebens der Religionen eingesetzt. Letztlich hat er die Lösung Indiens aus der Umklammerung des britischen Empire durchgesetzt, im Religionskonflikt seines Landes blieb er erfolglos. Die Beendigung britischer Kolonialmacht und die Teilung Indiens waren der Grundstein für eine demokratische, säkulare Nation. Vom überwiegenden Teil der indischen Bevölkerung wurde Nehru dafür gefeiert. Vier Jahre später waren hundertdreiundsiebzig Millionen Inder bei der ersten demokratischen Wahl berechtigt, ihre Stimme abzugeben. Sie schenkten sie Nehru. Damit war Indien die größte Demokratie der Welt.

Ein Bub bettelt mich an, ich möchte ein Foto von ihm machen, wofür ihm, seiner Meinung nach, eine Belohnung zusteht. Ich packe die Gelegenheit beim Haarschopf und stelle ihm dieselbe Frage wie den Studenten. Er sieht mich an, dann blickt er hinüber zum Denkmal. Leise, kaum hörbar, sagt er: »Nehru.« Das wichtigste Wort auf Hindi ist seiner Meinung nach »Nehru«. Ich frage, ob er heute schulfrei hat. Er nickt. Er kann schon ein wenig Englisch. »My school ... Muslim school!« Er deutet hinüber zu dem verwahrlosten kleinen Haus, gegenüber der großen, modernen Uni. Der kleine Muslim hat die Frage gültiger beantwortet als die Studenten. Die jungen Gelehrten der Elite-Uni blieben an der Oberfläche, das Kind ging an die Substanz. Ich schieße ein paar Fotos vom Landesvater, streichle dem kleinen Muslim über den Kopf, er weiß ihn zu benutzen.

Gleich neben der Albert Hall, einem beeindruckenden Gebäude, dessen Grundstein 1876 der Prince of Wales, Albert Edward, gelegt hatte, liegt der Zoo. Tiergärten gehören zum Pflichtprogramm meiner Reisen, obwohl ich mir deren fragwürdiger Ethik bewusst bin. Es ist ein bisschen wie Theater. Der erste Blick auf das Bühnenbild, die ersten gesprochenen Sätze geben Auskunft über den Abend. Selten täuscht der frühe Eindruck. Ich sehe einen Zoo und weiß Bescheid. Dieser hier ist vorbildlich. Hier gibt es alles, nur keine Tiere. Aus unerfindlichen Gründen stehen die meisten Gehege und Käfige leer. Verbranntes Gras, verwildertes Buschwerk, das ist alles, was hinter den Gittern zu sehen ist. Sogar der Tigerkäfig, Prunkstück aller asiatischen Tierparks, ist leer. Mehr noch: Die Tore stehen weit offen. Dass hier kein Tier zu sehen ist, beruhigt mich. Bären, Elefanten, Nilpferde. Nichts davon in Jaipur. So schlendert man von Gehege zu Gehege und beglückwünscht die Direktion, die Leid mindert, indem sie ihren Schutzbefohlenen die entwürdigende Gefangenschaft erspart. Es ist dies der erste und einzige Tierpark der Welt, der Eintritt dafür verlangt, dass er keine Tiere zeigt. Fortschritt oder Gaunerei? Ich will der künstlerischen Leitung eine geradezu revolutionäre Sicht in Sachen zeitgerechter Tierhaltung unterstellen – den völligen Verzicht darauf. Doch, einige Lebewesen gibt es: eine ganze Schulklasse, die wie ich auf der Suche nach Tieren ist. Weiters gesichtet: Eine Pfauin, einige Baumstämme in einem Tümpel, die sich als Krokodile entpuppen, zwei farblose Flamingos und ein paar Krähen. Sogar eine Katze habe ich auf einer Parkbank entdeckt. Den größten Zulauf hat ein abgedunkelter Saal, in dem ausgestopfte Raubkatzen stehen. Das einzig Lebendige hier ist ein Aufseher, der dösend vor den Präparaten sitzt. Ich verlasse das Gelände, enttäuscht und entzückt zugleich. In einem Tierpark keine Tiere zu zeigen, das muss man als Zoodirektor auch mal hinbekommen.

Bei einem Street-Food-Stand esse ich zu Mittag: Kichererbsen-Curry, reduziert und bestens eingeschmurgelt, Zwiebel, Chutney und frisch gebackenes, luftiges Naan-Brot. Herrlich. Unaufgefordert bekomme ich Nachschlag um Nachschlag, bis ich erschöpft abwinke, das Ganze für heiße vierzig Cent.

Am Ende der Pink City befindet sich der Affenpalast von Galta Ji. Auf der Spitze eines Hügels liegen einige versprengte Tempel, dahinter ein pittoresker Taleinschnitt. Die besondere Aufmerksamkeit verdankt die Anlage der Tatsache, dass es hier oben eine Süßwasserquelle gibt. Nicht nur Menschen gilt Wasser als Lebenselixier. Eine unüberschaubar große Affenkolonie bevölkert den Hügel. Als Einstandsgeschenk kaufe ich ein paar Bananen, um sie möglichst gerecht unter ihnen zu verteilen. Es bleibt beim Versuch. Kaum halte ich die Bananen in der Hand, entreißt mir der Stammesälteste den Schatz und verschwindet damit. Weiter oben sehe ich ihn auf einem Felsvorsprung hocken und seine Beute verspeisen. Der Unrat, der hier tonnenweise herumliegt, zieht auch andere Tiere an. Wildschweine stöbern nach Futter, Ziegen, ganz zu schweigen von den omnipräsenten Kühen. Ich besteige den Berg. Von Nahem besehen ist er doch wesentlich höher als bloß ein Hügel. Der Aufstieg raubt mir die Kräfte, er ist steil, die Nachmittagshitze tut ihr Übriges. Oben angekommen genieße ich den atemberaubenden Ausblick auf die Drei-Millionen-Stadt.

Eine Tempelwächterin nimmt mich in Beschlag und erklärt mir, dass die heilige Stätte Lord Shiva (wem schon?), seiner Frau Parvati und deren gemeinsamem Sohn Ganesha geweiht ist. Das Elefäntchen ist einer der populärsten und vielseitigsten Götzen der indischen Mythologie. Es wird bei Tanz- oder Theateraufführungen bemüht, zu seinem Kerngeschäft gehört das Reisen ebenso wie Weisheit und Intelligenz. Darüber hinaus ist es noch für Poesie, Musik und Literatur zuständig. Mit all dem kann ich was anfangen. Die Alte malt mir einen roten Punkt auf die Stirne, und das bedeutet, dass mich der Kleine zumindest für heute in seine Obhut nimmt. Zusätzlich bindet sie mir, als weltliches Glückssymbol, einen roten Wollfaden um das Handgelenk. Dafür muss ich mich natürlich erkenntlich zeigen. Vor dem Tempel treffe ich einen netten Herrn, der mir von Varanasi, der Stadt des Todes erzählt – doch das ist eine andere Geschichte. Noch gebe ich mich dem Leben hin und mache mich an den Abstieg.

Auf einer Steinmauer sitzt ein weiser Mann. Es hat den Anschein, als meditierte er. Müde öffnet er die Augen und deutet auf den Platz neben sich. Ich setze mich. Lange sitzen wir schweigend da. Weit unter uns glitzern die goldenen Giebel der Paläste. Je länger das Schweigen andauert, desto schwieriger ist es, es zu brechen. Wahrscheinlich denkt auch er darüber nach, welche Frage es wert wäre, gestellt zu werden. Wir beide wissen nichts voneinander. Zwei Männer, zwei Welten. Trennt uns die Gleichzeitigkeit unserer Gedanken oder eint sie uns? Träge hebt sich sein Brustkorb. Ich überlasse ihm gerne den Vortritt, ich möchte weder zu banal klingen, noch zu ambitioniert. Seine Stimme klingt sonor, beruhigend, so als würde sie in den Tiefen seiner Seele ruhen. »Welches Gras bevorzugst du, Bruder?« Wollte ich mir beinahe schon den Anschein geben, den Rätseln indischer Religionsphilosophie nachzugehen (freilich ohne auch nur eine halbwegs intelligente und der Situation angemessene Frage zu formulieren imstande zu sein), stellt er mir die letzte aller Gewissensfragen, die nach meinem Lieblingskraut. Seine Haare sind zu einem Rasta-Dutt zusammengesteckt, Holzketten, Amulette und sonstiges Zeug weisen ihn als Meditationsexperten aus. Er erklärt mir seine ganz persönliche Zusammenstellung psychedelischer Substanzen und bietet mir einen Lungenzug an. Ich lehne dankend ab, dieses Kapitel habe ich in meinem bisherigen Leben nicht aufgeschlagen und ich gedenke es auch weiterhin nicht zu tun. Ich schieße ein Erinnerungsfoto, verneige mich vor dem heiligen Mann und überlasse ihn der Offenbarung des Existenzbewusstseins in der fundamentalen Evolutionsstruktur seines nach Raum und Zeit strukturierten Universums. Dann pilgere ich quer durch die Stadt, bis ich an ihrem anderen Ende vor dem Stützpunkt meiner vorübergehend zentralen Kohärenz stehe: Ich habe Hunger. Nichts weiter.

Heute habe ich viele Meter zurückgelegt. Letzten Fragen musste auf den Grund gegangen werden: Politik,

Mensch, Tier, Religion, Existenz. Kann man von einem x-beliebigen Tag, in einer x-beliebigen Stadt, die noch dazu x-beliebig (in dem Fall: rosarot) angefärbelt ist, mehr erwarten?

Über Reisen
Jaipur – Agra, 8. März

Mit dem heutigen Tag sind es drei Wochen, die ich in diesem unglaublichen Land unterwegs bin. Die Tage verfliegen. Ich hole Atem. Train 12404, Jaipur – Agra. Das Abteil füllt sich. Wie immer bin ich mehr als eine Stunde vor der Abfahrt am Perron. Am Vormittag ein letzter Spaziergang durch bisher unerforschte Stadtviertel, dann schlendere ich gemächlich zum Hotel zurück, wo anlässlich des Weltfrauentages an die Frauen dieser Welt, im speziellen Fall nach Wien, ein paar von Herzen kommende Glückwünsche verschickt werden. Ein Tuk-Tuk bringt mich zum Bahnhof. Allein das Auffinden des richtigen Bahnsteiges ist ein Abenteuer der besonderen Art. Je mehr Menschen ich danach frage, desto unterschiedlichere Antworten bekomme ich. Kreuz und quer geht's durch weitläufige Hallen und an den Zügen entlang, ganz so, wie mir das als Bewohner einer anderen Welt zusteht. Letztlich lande ich doch immer im richtigen Abteil. Aber sicher bin ich mir dessen erst im Nachhinein. Während ich auf die Abfahrt warte, schließe ich die Augen …

Ankunft im wunderbar chaotischen Mumbai, meiner »Heimat«, der Colaba Causeway, die Kuhherberge von Panjrapole, die Verbrennungsöfen an den Marine Lines, die Dabbawalas, das Bollywood-Kino, der Kampf um die rutschende Hose im *Taj Mahal Palace*, die Hochzeit am Chowpatty Beach, der unglaubliche Chhatrapati Shivaji

Terminus, die größte lebende Waschmaschine der Welt, das Slum von Dhobi Ghat, die Schreckensfahrt nach Udaipur, der Stadtpalast am Pichola-See, der Kochkurs bei meinem Freund Kailash, der Flug über die Blaue Stadt von Jodhpur, das Abendessen im Haus des Tuk-Tuk-Fahrers Ramesh, die vergebliche Jagd nach dem People of Bishnoi, das Holi-Fest in Jaisalmer, die Wüstensafari und mein Rendezvous mit dem Pillendreher, der Rattentempel von Deshnok, das Kamel-Camp und mein Guru in Kuldeep Suramas Haus in Bikaner, die Pink City von Jaipur, der Palast der Winde, der Affentempel von Galta Ji und der seltsame Zoo im Ram Niwas Garden. Was habe ich in diesen drei Wochen nicht alles erlebt!

Es gibt mehrere Arten von Reisen: solche und solche. In jedem Reisebüro der Welt stapeln sich Hochglanzprospekte. Man fährt mit dem Finger seine Träume entlang, gefahrlos, keimfrei. Die Fotos sind in jedem Fall besser als die, die man selbst mitbringt. Abgelehnt.

Die andere Möglichkeit ist schon aufwendiger. Man setzt sich in einen der Luxuszüge, warum nicht gleich in den *Palace on Wheels,* und lässt sich quer durch Indien ziehen. Das hat den Nachteil, dass man immer wieder aussteigen muss, und die Gefahr, mit der Bevölkerung in Kontakt zu kommen, ist groß. Die Kosten für ein paar Tage sind so hoch wie die Summe, die eine durchschnittliche indische Familie braucht, um zehn Jahre leben zu können. Abgelehnt.

Dann gibt es die Möglichkeit, sich von einem Palasthotel zum anderen chauffieren zu lassen. Auch schön, aber von Indien lernt man außer den Empfehlungen des Drivers und den klimatisierten Maharadscha-Suiten nichts kennen. Abgelehnt.

Indien ist ein Land, dessen Schönheit auf der Straße liegt. Die Menschen, die Bahnhöfe, die Krähen in den Parks, die überfüllten Züge, die Kuhherden in den schmalen Gassen, das permanente Hupen der Mopeds und Tuk-Tuks, der Duft von Somosa und Biryani an den Imbissständen, die wilde Jagd der Affenherden über die Blechdächer, die Ruhe, die man im Schatten eines Banyan-Baumes inmitten eines Tempels findet, der Singsang der Pilger, die schrillen Fahrradglocken der Dabbawalas, das Kreischen der Besucher eines Bollywood-Kinos, die monotonen »Chai«-Rufe der Teeverkäufer in einem Zug der Indian Railways, das Bellen wilder Hunde, die nächtens die Städte beherrschen, der Geruch nach Patschuli und Weihrauch – das alles versäumt man, wenn man nicht Züge, Busse und Tuk-Tuks benutzt, die Städte nicht zu Fuß erobert und sich nicht der Hitze und dem Staub der Straßen aussetzt, wenn man nicht in billigen, kleinen Hotels absteigt und, das vor allem, wenn man nicht den Kontakt zu Menschen sucht.

Wie anders ist dieses Gesicht Indiens doch als jenes, das einem aus den Prospekten der Pauschalreisen entgegenlacht. Indien ist ein unfassbar verwirrendes Land, eine Herausforderung – in jeder Hinsicht. Ein Land der Zukunft, das im Mittelalter feststeckt. Der ungeheuer große Markt lockt Investoren mit unüberschaubaren Renditen. Die Schere zwischen Arm und Reich klafft schockierend weit auseinander. Grandiose Paläste und ekelerregende Baracken, Saris, in denen Fäden aus purem

Gold schimmern, und Lumpen, Luxus und vor Hunger schreiende Kinder. Indien steckt voller Widersprüche. Vergangenheit, Gegenwart, Zukunft, alles findet gleichzeitig statt. Wer all das, wenn schon nicht begreifen, so doch wenigstens erfahren möchte, ist aufgefordert, es dem Erzähler gleichzutun. Er wird dem Leben begegnen, mit jedem Tag mehr. Anders wird man diesem Land nicht gerecht. Indien ist Horror und zarter Liebeshauch aus tausendundeiner Nacht, Fluidum verführerischer Düfte und der faulige Geruch brennender Leichen. Indien ist Leben und Tod. Man muss beides sehen, um seine phantastische Welt zu erfahren.

Mein Abteil ist knallvoll, ich hocke mit angezogenen Beinen auf meinem Sitz wie ein Hendl in der Legebatterie. In jeder Station muss ich meinen Fensterplatz aufs Neue verteidigen. Langsam lassen wir die Wüste hinter uns. Die Strahlen der Abendsonne liegen auf den Feldern Rajasthans. Die Landschaft wird grüner, Uttar Pradesh, die Wiege des Hinduismus, liegt vor uns. Der riesige Staat im Süden Nepals, der sich über die Weite der Ganges-Ebene bis hinüber nach Westbengalen erstreckt, heißt uns willkommen. Pritschen werden heruntergeklappt, die Reisenden legen sich schlafen. Ich frage meinen Bettnachbarn, wann wir in Agra ankommen werden. »More than an hour!«, sagt er, »Agra, final stop!«, und dreht sich auf die Seite. Beruhigt strecke auch ich mich aus, nehme einen wärmenden Schluck, dann noch einen und will wach bleiben. Doch ich schlafe ebenfalls ein.

Jemand streift mich an, während er sich aus dem Fenster beugt. Ich schrecke hoch. Wir stehen an einem hell erleuchteten Bahnsteig. Verschlafen frage ich eine Frau, die es sich offensichtlich schon die ganze Zeit über auf meinem Bett bequem gemacht hat, wo wir sind. »Agra Terminus!« Sie wackelt mit dem Kopf. Der Zug beginnt zu rollen. Ich schnappe meine Siebensachen, verlasse meine Pritsche und springe auf den Perron hinunter. Meine Bettgeherin erscheint in der Türe des abfahrenden Zuges und wirft mir ein kleines, schwarzes Ding zu. Der Express 12404 nimmt Fahrt auf. Die Alte winkt mir zu, während der Zug den Bahnhof verlässt. Das Täschchen gehört mir. Darin sind Pass, Kreditkarten und Handy. Von Bargeld ganz zu schweigen. Ich bin in Agra gelandet. Manchmal nähme man die Bequemlichkeiten einer Pauschalreise nicht ungern in Anspruch.

Wenig später sitze ich auf dem Dach eines kleinen, schäbigen Hotels in der Nähe des Ost-Tores der Stadt und gönne mir ein kaltes Kingfisher. Drüben, im Dunkel der Nacht, zeichnet sich ein Gebäude ab, dessen Umrisse mir bekannt vorkommen. Wem nicht? Der Taj Mahal. Nein, ich bin doch ziemlich froh, so zu reisen, wie ich reise. Ich blicke hinauf in die Sterne, verfolge die Positionslichter eines Flugzeuges, das hoch, hoch oben am Himmel Kurs in Richtung Westen nimmt, dort, wo wahrscheinlich jetzt gerade jemand am Fenster sitzt und in Richtung Osten blickt. Ich bin nicht alleine. Eine Affenherde rast über die Dächer. Unten in den Gassen bellen Hunde. Die Welt liegt mir zu Füßen.

Ein Grabmal der Liebe
Agra, 9. März

»Come in! Come! Please!«

Die junge Frau hält den schmutzigen Vorhang zur Seite und lässt mich eintreten. Kaum haben mich die Kleinen entdeckt, sind sie nicht mehr zu halten. Ich stehe inmitten der einzigen Klasse der Grundschule, die hier, an einer der Durchzugsstraßen des Stadtteils Tajganj nur durch ein Stück Stoff vom Verkehrslärm getrennt ist. Händchen recken sich mir entgegen. Zufällig vorbeikommende Fremde sind im Lehrplan nicht vorgesehen. Die Lehrerin bietet mir einen Platz in der ersten Reihe an. Sie studiert noch an der Uni von Agra, sagt sie, es ist ihre erste Klasse, und das auch nur aushilfsweise.

Der Direktor des Hauses wittert seine Chance. Er komplimentiert mich in sein Büro und beginnt einen Vortrag über Pädagogik und Unterrichtsmethoden des modernen indischen Erziehungswesens. Vor allem aber zieht er mich über die finanzielle Ausstattung seines Institutes ins Vertrauen. Die Schule sei auf Hilfe von außen angewiesen, sagt er, so manche Touristen haben ehrenvolle Patenschaften übernommen. Schulbänke, Bücher und sonstiger Lehrmittelbedarf sind in Agra so kostspielig wie nirgendwo, da sollten sich Fremde keiner Illusion hingeben. »Der Schulerfolg entscheidet über die Zukunft der jungen Generation.« Er wackelt mit dem Kopf und sieht mich eindringlich an. »Unser Leben liegt in den Händen der Kinder.«

Er legt ein Buch auf den Tisch, mit Widmungen aus der ganzen Welt, daneben stellt er eine hölzerne Box, die ich gerne öffnen dürfe. Scheine befinden sich darin, auch Kleingeld. Verstanden. Ich reihe mich in die Liste der Donatoren ein. Der Direktor lässt mich nicht aus den Augen. Für das Zehnfache meines Beitrages wäre eine hölzerne Plakette vorgesehen, auf der der Name des Spenders eingraviert ist. Die entsprechenden Ehrentafeln nehmen einen besonderen Platz ein, direkt oberhalb seines Schreibtisches.

Ich erzähle von meinem ehrenamtlichen Job als Lesepartner in einer der größten Privatvolksschulen meines Landes, dem Josefinum, eine Tätigkeit, der ich mit großer Freude nachkomme. Die Initiative soll die Freude am Lesen fördern. Das allerdings interessiert den Herrn Direktor nur am Rande, vielmehr rückt er die Spendenbox ein wenig näher. Während ich den Geldbetrag verdopple, erhebt er sich und erklärt die Unterredung für beendet. Nach der Pflicht folgt die Kür. Die Aushilfslehrerin bugsiert mich auf ein winziges Stühlchen in der ersten Reihe. Turnstunde. Die Kinder besteigen den Touristen-Felsen und klettern darauf herum wie die Affen von Gibraltar. Fotos werden geschossen, Händchen greifen mich ab, in der Hoffnung auf Geschenke. Ich versuche, der Frau Lehrerin zu vermitteln, dass Kinder nicht zum Betteln erzogen werden sollten, sondern zum Lernen. Sie tut so, als verstünde sie nicht. Vielleicht auch deshalb, weil der Lärmpegel bereits solche Ausmaße annimmt, dass nicht einmal ich mein eigenes Wort verstehe. Die Verabschiedung fällt herzlich aus. Vor zehn Minuten noch war ich einer von Hunderttausenden Fremden auf der Suche nach dem Taj Mahal, nun bin ich Freund, Förderer und vielleicht sogar künftiger Lesepartner der Tabawidul Quran Primary School in 44, Chowk Thana, Tajganj, Agra, Uttar Pradesh, India. Wer kann das schon von sich behaupten?

Das Frühstück habe ich auf dem Dach meiner Herberge eingenommen, während über einem der vollkommensten Gebäude der Welt die Sonne aufging. Rabindranath Tagore hat über den Taj gesagt, er sei eine »Träne im Antlitz der Ewigkeit«. Schönere Worte kann man nicht finden. Die frühe Morgenstunde beließ dem Grabmal seine Würde. Nebelschwaden lagen über dem Fluss. Die eben noch hellgrauen Mauern verfärbten sich in Orangerot, in Beige, in strahlendes Weiß. Hoch über den Minaretten flogen Schwärme von Dohlen in den Himmel hinauf, umkreisten in weitem Bogen die riesige Kuppel und ließen sich auf den Rasenstücken nieder.

Trotz seiner gewaltigen Größe ist das Mausoleum von ewiger Schönheit. Shah Jahan ließ es für die Liebe seines Lebens, Arjumand Banu Begum, errichten. Sie starb kurz nach der Geburt des vierzehnten gemeinsamen Kindes. Der Shah war von ihrem Tod so erschüttert, dass er beschloss, ein Grabmal errichten zu lassen, wie es die Welt nie zuvor gesehen hatte und das der Vollkommenheit ihrer Liebe entsprechen sollte. Die Arbeiten dauerten fast zwanzig Jahre. Spezialisten aus ganz Asien wurden herbeigeholt, der Marmor kam aus Rajasthan, die Edelsteine aus Persien, China, Afghanistan und Tibet. Als Jahans Sohn die Macht übernahm, ließ dieser seinen Vater gefangen setzen und im Fort, dem Sitz der Mogul-Herrscher, für den Rest seines Lebens hinter Palastmauern verschwinden. Vom Verlies aus konnte Jahan zur Ruhestätte seiner Geliebten sehen. Den letzten Blick auf den Taj warf er aus dem vergitterten Fenster des Musamman Burj, eines extra für ihn erbauten Aussichtsturms. Hier nahm er endgültig Abschied von der Liebe seines Lebens. Jahan wurde an der Seite seiner Frau bestattet. Seither sind die beiden für immer vereint, in der schönsten Grabkammer der Welt.

Heute wollte ich ihnen meine Aufwartung machen. Das Murphy'sche Gesetz hat sich jedoch einmal mehr erfüllt – an einem Tag pro Woche bleibt das Mausoleum geschlossen. Am Freitag. Heute ist Freitag. An diesem Tag steht es ausnahmslos Moslems zur Verfügung. Damit kann ich nicht dienen. Ersatzprogramm: Ich spaziere zu Fuß durch den schönen Shahjahan Park in Richtung Fort. Eine Frau verfolgt mich. Sie hält mir Kühlschrankmagneten, auf deren Vorderseite das Bild des Taj prangt, unter die Nase. Zweihundert Rupien will sie dafür. Nach hundert Metern haben die Magneten die Hälfte ihres Wertes eingebüßt, weitere fünfzig Meter später sind sie nur mehr ein Drittel wert. Kurz bevor sie mich verlässt, gibt's ein letztes Angebot: Ich darf selber bestimmen, was ich gerne gebe. Ich will gar nichts geben. Die Gefühle zweier Liebender dürfen auf gar keinen Fall auf meinem Kühlschrank landen.

Nach einer Stunde Fußmarsch erreiche ich das dunkelrote, in Form eines Halbmonds errichtete Fort. Viele

Generationen lang war es das Machtzentrum des Mogulnreiches. Ich streife durch die herrschaftlichen Paläste und Höfe. Jahans unfreiwilliges Exil nimmt auch mich gefangen. Ich blicke hinüber zum Ort seiner Sehnsucht und bin berührt von der Reinheit des Kunstwerkes, von der überwältigenden Schönheit zeitloser Architektur. Die Mittagssonne taucht es in gleißendes Weiß.

Ein weltliches Gefühl holt mich ins Leben zurück. Ich habe Hunger und beschließe, den Sadar Bazaar aufzusuchen, eine wirbelige Gegend mit schönen Märkten, wo ich eine Mission zu erfüllen habe. Ich benötige ein neues Notizbuch, meines ist vollgekrakelt. Ein Tuk-Tuk rumpelt mich durch die glühend heiße Stadt. Bei einem Essensstand bestelle ich Reis, Curry und eine Extraportion Chilis. Gut und scharf. Inklusive Nachschlag bezahle ich achtzig Cent. Der Fahrer wollte mir ein Touristenlokal unterjubeln, wo ich für das Vielfache nur halb so gut gegessen hätte.

Ich finde, was ich suche, und marschiere quer durch Agra zum Baby Taj, der Probeversion des Originals. Der schneeweiße Marmor fühlt sich kühl an, in die makellose Oberfläche sind unzählige Halbedelsteine eingearbeitet. Im Schatten des Gebäudes lege ich mich auf eine Bank. Der Shah höchstpersönlich und seine Begum werden ein Auge auf mich haben … Jemand berührt mich. Die Hand fühlt sich rau an. Ich öffne die Augen. Ein Äffchen sieht mich erstaunt an, legt seine kleine Stirn in Falten und springt seiner Mutter nach, die hoch oben in der Astgabel eines Baumes ein paar Nüsschen knackt und skeptisch auf den weißen Mann herunterblickt.

Im Park Mehtab Bagh, am Rande des Dörfchens Katch-
pura, ist um diese Abendstunde viel los. Pünktlich zum
Sundown versammeln sich hier Heerscharen von
Taj-Aposteln, die den Zauber der Dämmerung miterle-
ben wollen, wenn sich über das Mal der Liebe das Abend-
licht legt. Das Weltwunder steht am gegenüberliegenden
Ufer des Flusses Yamuna. Die Aficionados haben sich
ihre Plätze längst gesichert. Langsam versinkt die Sonne
über den Dächern der Stadt. Jetzt heißt es, die Fotos
schießen, mit denen man zu Hause punktet. Ein schriller
Pfiff holt mich ins Leben zurück. Unmittelbar nach Sonnenuntergang ist die Besichtigungszeit zu Ende. Die Liebenden dürfen die Nacht alleine verbringen, auch ihre
Epigonen sollten sich zur Ruhe begeben.

Ich kann von Agra nicht weg, ohne die Shahans besucht
zu haben. Im Hotel frage ich nach und erfahre, dass der
Taj pünktlich bei Sonnenaufgang seine Tore öffnet. Ob
ich mich darauf verlassen kann, mein Zug fährt bereits
um acht Uhr fünfzehn? Der Mann nickt. »Immerhin pil-
gern Millionen Besucher aus aller Welt hierher, ab sechs
Uhr früh stehen die beiden Liebenden wieder zur Dispo-
sition.« Obwohl ich das Gebäude bereits hinreichend ver-
ewigt habe, den Anblick aus nächster Nähe darf ich mir
nicht entgehen lassen.

»No problem, Sir!«

Sein Wort in Allahs Ohren. Der Prophet hat mich diesmal nicht erhört. Es sollte anders kommen.

Paharganj
Agra – New Delhi, 10. März

Um fünf Uhr früh läutet der Wecker. Im kleinen Hotel an der Chowk Kagzi ist alles ruhig. Aus einer nahe gelegenen Moschee ruft der Muezzin. Ich packe, deponiere meinen Rucksack an der Eingangspforte, taste mich am schlafenden Personal vorbei und laufe zum East Gate. Den Weg habe ich gestern Abend bereits erkundet, ich will nichts dem Zufall überlassen. Fünf Uhr dreißig. Ich traue meinen Augen nicht. Millionen aus aller Welt stehen in Reih und Glied vor dem noch verschlossenen Tor, vielleicht übertrieben, aber hundert sind es allemal. Aufgeteilt in vier Pferchen stehen die Touris geschlechtsspezifisch getrennt. Daneben liegen die ebenfalls gegenderten Guide-Lines. Noch ist es stockfinster. Eine ganze Stunde lang stecke ich in einer spanischen Reisegruppe fest. Einer der Herren, unsympathisch wie ein Torero, verströmt den bestialischen Geruch der in seiner Heimat gebräuchlichen Seife »Maja«.

Um halb sieben kommt Leben in die Schlange. Die Tore öffnen sich. Hinter mir ist die Menschenmenge bereits beträchtlich angewachsen. Ich bin froh, zeitgerecht gekommen zu sein. Da ich schon früh zum Bahnhof muss, zählt jede Minute. Zwanzig vor sieben. Mir bleiben noch dreißig Minuten, in denen ich Shah Jahans Liebe zu seiner Begum teilen darf. Jetzt sind die Spanier dran.

»Ticket, please.«

Von hinten drängt die Masse nach. Der Seifenfabrikant überholt mich. Ich sage: »I need a ticket.«

»At the ticket counter. Next one!«

Der widerliche Geruch passiert das Drehkreuz. Zwei stärkere Herren pflücken mich aus der Reihe, verwirrt laufe ich zum Ticketschalter. Er ist hinter einer Mauer verborgen. Ich lese: »For tour guides only«. Ich bin Individualist, dennoch reihe ich mich in die Schlange ein. Kurz vor sieben.

»Yes?«

»A ticket, please!«

»You are wrong. Go there!«

Über dem vergitterten Fenster hängt ein Schild: »Indians«. Ich wechsle zum Touri-Schalter, hier ist wenigstens keiner angestellt. Kein Wunder, er ist geschlossen. Zehn nach sieben. In einer Stunde fährt mein Zug. Die Menge beim Einlass ist inzwischen unübersehbar groß. Durch die offenen Tore riskiere ich einen Blick hinüber zu der herrlichen Anlage, über der gerade die Sonne aufgeht. Die spanische Gruppe hat bereits auf einem der Rasenstücke Aufstellung genommen und hört den Ausführungen ihres Reiseleiters zu. Der mit der Seife ist auch dabei. Nickt er mir zu? Meine Niederlage ist komplett. Ich bin der Einzige von Millionen, die aus der ganzen Welt anreisen und unverrichteter Dinge wieder abreisen. Zurück im Hotel steige ich auf die Terrasse, trinke Kaffee und schieße noch ein paar Fotos von der »Träne im Antlitz der Welt«. Dabei zoome ich, was die Sony hergibt, ich brauche noch ein paar »Beneid-Bilder«. Dass zwischen dem Mal der Liebe und mir mindestens fünfhundert Meter Luftlinie liegen, darüber breitet der Chronist den Mantel des Schweigens – zum Zeitpunkt des Erscheinens des Buches wird schon reichlich Wasser die Yamuna hinuntergeflossen sein.

Mit glühenden Reifen schweißt der Driver die Blechkiste an den Randstein vor der Agra Station. Ich laufe quer durch die Halle, überquere einen Fly-over und lande auf Bahnsteig drei. Ein Zug steht da. Geschafft. Acht Uhr fünfzehn. Der streng riechende Spanier betritt jetzt vermutlich gerade das Innere des Grabmals. Sei's drum. Ich springe auf das Trittbrett, ein Mann in roter Uniform hält meinen Rucksack fest. »Ticket, please!« Nicht schon wieder. Der Typ arbeitet als »Place-Scout«, er ist dafür zuständig, Fremde auf den richtigen Platz im richtigen Waggon zu setzen. Ich bin großjährig, ich kann das alleine. »This is not your train!« Mein Gepäck landet am Perron, während sich der Zug in Bewegung setzt. Ich springe ab. Nach Delhi geht's in die andere Richtung. Ich bin doch noch nicht volljährig, die rote Uniform hat mich gerettet – wäre ein Fressen für den Spanier, der sich heute bereits zum zweiten Mal über den schusseligen Typ, der weder fähig ist, sich ein Taj-Ticket zu kaufen noch in den richtigen Zug zu steigen, totlachen würde.

Ich warte, sitze, schreibe, wandere herum, warte, sitze, schreibe. Unnötig zu sagen, dass mein Zug Verspätung hat. Mit zweieinhalb Stunden Verspätung fährt der Delhi-Express in den Bahnhof ein. Zwanzig Minuten später verlässt er ihn wieder. Es ist knapp nach elf. Zu diesem Zeitpunkt rollen fünf Meter Karosserie die palmenumsäumte Auffahrt des *Oberoi Amarvilas Hotel* hinauf. Die Premium-Ausstattung der Limousine ist überirdisch, über der Mittelkonsole ein spaciger 17-Zoll-Touchscreen. Lautlos schmiegt sich der schwarze Tesla über den Kies. Ein Page reißt die Türe auf. Der Seifenfabrikant setzt seinen Fuß auf den Läufer aus rotem Kaschmir und steuert die Private Balcony Terrace an, wo für ihn bereits der Frühstückstisch gedeckt ist. »Netter Schuppen, der Taj«, bellt er auf Spanisch und haucht seiner über die Chaiselongue hingegossenen Begleitung einen flüchtigen Kuss zu, Stierkampfatem inklusive. Währenddessen hockt der enttäuschte Reisende, dem es nicht einmal gelang, eine Eintrittskarte zu organisieren, im voll besetzten Zug in Richtung Hauptstadt. Manchmal kommt es anders, zweitens als man denkt.

North-West-Line, Kurs Hauptstadt. Immer wieder wird die Reise unterbrochen. Das Warten auf den Gegenverkehr und die vielen Stationen, in denen sich die Fahrgäste mit Essbarem versorgen, machen die Fahrt endlos. Vierzehn Uhr sechsundzwanzig. Hazrat Nizamuddin Station, New Delhi. Draußen, vor der Halle, umringen mich dreiundzwanzig Millionen neuer Freunde und klopfen mir auf die Schulter. Fremde sind Freiwild, die Suche nach einem Taxi ist eine Challenge der besonderen Art. Der Profi begibt sich zur Prepaid-Taxi-Station. Ich frage nach dem Preis, jemand faselt was von achthundert. Ein Drittel davon habe ich für die Zugfahrt bezahlt. »Für zweimal um den Häuserblock zahle ich nicht achthundert«, sage ich, wissend, dass die Distanzen in Delhi groß sind und dass man hier ohnehin kein Deutsch versteht. Der Typ verlangt meine Handynummer.

»Possibly you have an accident on the way!«

Ich gehe zum nächsten Wagen.

»Two hundred and fifty Rupies. Hotel *Le Loy*, Paharganj!«

Und so geschieht es. Ich lande auf einer Batterie von Sprungfedern und wir brettern durch herrschaftliche Alleen, vorbei an Golfplätzen, Villen, Botschaften und Regierungsgebäuden. Delhi zeigt sich hier von seiner Zuckerseite. Ab dem Connaught Place werden die Straßen unübersichtlicher, unmittelbar darauf stecken wir fest. Rushhour. Mein Hotel liegt im verrufensten Viertel der Stadt. Hier gibt's kein Durchkommen. Menschen, Kühe, Tuk-Tuks, eine Explosion an Farben und Gerüchen. Mein Fahrer verliert die Orientierung. Ich kann es ihm nicht verdenken. Die Backpacker-Absteigen stehen dicht an dicht. Auch die sündigen Schuppen. Marktgewühl. Und mittendrin das Taxi des Globetrotters.

Hände greifen nach mir, ich schließe das Fenster, denkste, es hat keine Scheiben. Der Fahrer steigt aus, steigt ein, fährt dahin, dorthin, nach links, nach rechts, biegt ab, bleibt stehen. Ein Mann beugt sich zu mir herein.

»Can I help you?«

Sein Englisch ist tadellos, seine Kleidung auch. Viel zu adrett für diese Gegend, Typ »Student von nebenan«. Ich steige aus. Fehler.

»Which hotel are you looking for?«

»Hotel *Le Loy*!«

Er deutet die Straße hinunter. »You see over there? *Le Loy*!«

Ich bezahle das Taxi. Zweiter Fehler. Der Fahrer gibt Gas, er will sichtlich weg von hier. Ich gehe zur angegebenen Stelle. Der junge Mann weicht mir nicht von der Seite. »Sorry, mistake.« Am Nebenhaus ein Schild: »Tourist Information«. Das weiße I im blauen Punkt ist weltweit dasselbe Zeichen. Ich betrete den Laden. Ein freundlicher Herr bietet mir Platz an.

»What do you prefer, tea or coffee?«

Ich sage, dass ich das *Le Loy* suche.

»No problem, Sir. We will help you.« Er wählt eine Nummer und telefoniert. Ich höre das Freizeichen, keine Stimme.

»They will pick you up in twenty minutes. You can eat or drink something in the restaurant next door. The luggage you can leave here.«

In dem Lokal nebenan bin ich der einzige Gast. Ich blättere im *Lonely Planet* und stolpere über den Artikel »Delhis Schlepper und ihre Tricks«. In meinen Adern stockt das Blut: Was ich gerade erlebe, ist Schema X übelster Touristenabzocke. Alles in den vergangenen fünfzehn Minuten war Fake. Der freundliche Herr von der Tourist-Info meinte, dass das *Le Loy* das mit Abstand schlechteste Hotel im Viertel sei, ich solle die Finger davon lassen. Paharganj sei ein krimineller Stadtteil, er werde sich um eine passende Unterkunft kümmern. Ich sagte: »Ich habe im *Le Loy* gebucht.«

»No problem, Sir.«

»Die Stadt ist übersät mit Fake-Büros«, lese ich. Touristen werden an abgelegene Plätze gelockt, die versprochenen Hotels existieren nicht, zufälligerweise steht ein anderes da, der Schlepper erhält seine Provision. Manchmal gerät man auch an Fake-Polizisten, die Geld und Pass konfiszieren.

Der Kellner sagt, er hört gerade, dass ich das *Le Loy* suche, er kennt das Hotel vom Hörensagen, eine schäbige Location, aber er kann mich hinbringen. Ob ich heute Abend schon etwas vorhabe? Ich stehe auf.

»The *Le Loy* is very close from here, Sir.«

Ab diesem Moment bin ich sicher, in einem B-Movie gelandet zu sein. Auf der Straße packt mich der Student von nebenan am Arm. Ein Taxi steht da. »He will bring you to your hotel. It's for free, you pay nothing!«

Ich blicke hinüber zur Tourist-Info, der Typ winkt: »In some minutes they will pick you up!« Ich werde ins Taxi gedrängt – und erschrecke: Neben mir sitzt der Kellner von vorhin. Er sagt, er sei Australien-Fan und als solcher fühlt er sich verpflichtet, mir die Stadt zu zeigen. Auf eine kleine abgegriffene Karte kritzelt er eine Telefonnummer.

Das Taxi hält vor dem *Le Loy*. Ich hätte es nicht mehr für möglich gehalten. Der Fahrer wendet sich zu mir um. Für eineinhalb Minuten Fahrzeit will er zweihundertfünfzig Rupien, von gratis ist keine Rede. Der Kellner lächelt.

»Give him twenty.«

Ich tue es.

»Twenty more!«

Ich gebe nochmals zwanzig, steige aus und nehme den Rucksack an mich, den mein neuer Freund fest umklammert hält. Ein Uniformierter öffnet eine Glastüre. Das *Le Loy* ist das eleganteste Hotel meiner bisherigen Reise. Draußen fährt das Taxi davon. Der Rezeptionist, dem ich meine Erlebnisse schildere, blickt mich gelangweilt an: »Welcome to Delhi, Sir. Welcome to Paharganj!«

In Nöten
New Delhi, 11. März

Abgesehen davon, dass ich die Nacht über kein Auge zugedrückt habe (im Erdgeschoß befindet sich eine Karaoke-Bar), habe ich ziemlich herrlich geschlafen. Ich arbeite die gestrigen Erlebnisse auf. Längst ist das zu meinem Leben geworden. Nach fünfundvierzig Jahren habe ich mein altes Leben an den Garderobennagel gehängt, und jetzt, jetzt liebe ich mein neues. Ich darf Welten entdecken, sie beschreiben und später meinem Publikum erzählen. Danke an die mutigen Mädels vom Verlag, die mir das ermöglichen.

Für heute habe ich mir Old Delhi vorgenommen, das Rote Fort, die Jama Masjid, die mit Abstand größte Moschee Indiens. In der New Delhi Station, einem der vier großen Bahnhöfe der Stadt, organisiere ich die Abreise. In Lokalen sitze ich nicht gerne mit dem Rücken zum Raum, ich will den (möglichen) Fluchtweg vor mir haben. Auf Reisen habe ich mir genau das zum Prinzip gemacht: Ich muss wissen, wie ich aus eigener Kraft die nächste Station erreiche.

Bahnhöfe gehören zu den eindrücklichsten Erlebnissen einer Indien-Reise. Zu jeder Tages- und Nachtzeit tummeln sich hier Hunderttausende Menschen aus allen sozialen Schichten. Sie kaufen und verkaufen, schlafen und erleichtern sich, sie gehen ihrer Beschäftigung nach oder auch nicht, betteln, betrügen, sie hasten aneinander vorbei, plaudern, kochen, essen und – das vor allem – warten, manche ein ganzes Leben lang. Straßenhändler, Zeitungsverkäufer, Flickschuster, Gepäckträger, Polizisten, Zugabfertiger, Taxifahrer, Keiler, Gauner und Touristenhäscher. Sie alle wissen, dass Bahnhöfe ein Sammelbecken für Ortsunkundige sind. Unter all den »hochseriösen« Touristenbüros, die Ausflüge, Hotels und Bahntickets vermitteln, gibt es hier genau eines, das tatsächlich seriös ist: das Tourist Booking Office. Es ist rund um die Uhr geöffnet. Hier und nur hier erfährt man, was Sache ist. Ich bin der einzige Kunde hier, während sich die unzähligen Nepp-Läden in den Straßen rund um den Bahnhof des Ansturms der Touristen kaum erwehren können, und bekomme die erwünschte Auskunft: Es gibt eine Metro-Linie, die von hier aus um hundert Rupien zum Flughafen fährt. Nicht nur, dass es weitaus günstiger ist, als mit dem Wagen zu fahren, der Zug ist ungleich schneller – in zwanzig Minuten ist man am Airport.

Das Fort und die Moschee sind überfüllt. Es ist Sonntag und zu den unzähligen Fremden kommen noch die einheimischen Feiertagsbummler. Am Nachmittag unternehme ich einen Pflichtbesuch. Das Gandhi Memorial Museum bietet neben unzähligen Erinnerungsstücken ein makabres Schaustück: den blutbefleckten Lungi, das letzte Kleidungsstück des kleinen großen Mannes. Auch die Urne ist ausgestellt, aus der sein ältester Sohn, Harilal Gandhi, die Asche seines Vaters im Ganges, im Pushkar-See und in zwei weiteren heiligen Gewässern verstreut hat.

Schräg gegenüber dem Museum liegt der Raj Ghat. Hier, am Ufer der Yamuna, desselben Flusses, der durch Agra fließt, fand am 31. Jänner 1948, einen Tag nach Gandhis Ermordung, die Einäscherung statt. Dort, wo der Scheiterhaufen stand, befindet sich heute ein Kenotaph. Auf dem schwarzen, mit Blumen geschmückten Marmorsockel stehen in goldenen Lettern seine letzten Worte: »Hai Ram (Oh Gott)«.

Es ist heiß, ich bin müde und ich möchte vor Einbruch der Dunkelheit zu Hause sein. Auf einer viel befahrenen Straße passiert es. Ich weiche einem Motorrad aus, dabei trete ich auf die Blüte eines der hohen Alleebäume und stürze der Länge nach auf die Fahrbahn. Der Typ verreißt die Maschine. Ich habe Glück. Ein Auto hätte nicht mehr ausweichen können. Das Pflaster in Delhi ist glatt. Abgesehen von den unzähligen Kuhfladen sind die Straßen hier auch noch mit Blüten übersät.

Neben der Bazaar Road in Old Delhi liegt ein Park. In Wahrheit ist es ein großes, staubiges Stück Rasen, auf dem schon lange kein Grashalm mehr gewachsen ist. Hier kann man Tonnen von alten Kleidern kaufen, ein »Fetzen-Basar«. So etwas zieht mich an, da muss ich hin. Ich hätte es besser bleiben lassen.

Das Areal ist riesig, man kann sich verlieren darin. Und so ist es auch: Schon nach kurzer Zeit finde ich den Weg nach draußen nicht mehr. Ich irre zwischen den Ständen auf und ab, ohne Orientierung, ohne Plan. Das Gedränge ist beängstigend. Männer schieben sich an den Kleiderbergen vorbei, Backe an Backe. Der einzige Tourist, der die absurde Idee hatte, hier durchzumarschieren, bin ich. Ich spüre die Blicke der Umstehenden. Ich bin nicht furchtsam, aber hier drinnen fühle ich mich gerade ziemlich alleine. Sollte mir etwas zustoßen, kein Mensch würde mich hier finden. Panik. Ich schalte einen Gang hoch und zwänge mich durch die Masse an Leibern, auf der Suche nach dem Ausgang. In meiner Bauchtasche ist alles drin, was ich zum Überleben brauche: Pass, Kreditkarte, Handy, Bargeld. Ich gäbe ein prächtiges Opfer ab. Ich bleibe stehen und schließe die Augen. Ein Muezzin ruft zum Abendgebet. Ich kann jetzt weder vor noch zurück. Die Männer ringsum sehen ganz so aus, als verstünden sie wenig Spaß. Einer bellt mich an und deutet auf mein Handgelenk. Du willst die Zeit wissen, Bruder? Ich ringe nach Luft. Ich strecke dem Mann meine Uhr entgegen. Er steht jetzt unmittelbar vor mir und schreit mich an. Sein Atem riecht faulig. Widerlich. Ich versuche zu lächeln. Meine Reaktion macht ihn nur noch wütender. Der Typ ist so sehr in Rage, dass ihn ein paar Männer gewaltsam daran hindern müssen, mich zu schlagen. Um uns herum bildet sich ein Kreis. Ich habe Angst. Kalter Schweiß. Ich mache zwei Schritte vor, einen zurück, komme nicht vom Fleck. Überlebensmoment. Irgendwie gelingt es mir, mich durchzuwühlen, weg von dem Typ, der jetzt um sich zu schlagen beginnt. In die Menge kommt Bewegung. Das kann ich ausnutzen, um die rettenden Meter zu machen und den Albtraum hinter mich zu bringen. Von Weitem höre ich das Geschrei des Mannes. Hat ihn meine Armbanduhr, eine billige Swatch, die ich nur auf Reisen verwende, provoziert? Oder die (nachvollziehbare) Tatsache, dass ich als

Erste-Welt-Bewohner jederzeit die Möglichkeit habe, jedwedes Land zu besuchen, das mir gerade in den Sinn kommt, um ein Näschen voll fremdartiger Exotik zu schnupfen, während ihm Gleiches verwehrt bleibt? Für diese Ungerechtigkeit kann ich nichts, aber versuchen Sie das mal einem Hitzkopf mitten im Marktgewühl in Old Delhi klarzumachen – noch dazu auf Hindi. Ich kann es ihm ja nicht einmal in meiner Muttersprache gültig erklären.

In der angrenzenden Kasturba Hospital Marg erhole ich mich von meinem Schrecken, stolpere vorbei an Läden, an deren Fassaden rohes Fleisch den Tag über in praller Sonne vor sich hingammelt, vorbei an winzigen Käfigen, in denen Unmengen gerupfter Hühner darauf warten, bei lebendigem Leib enthäutet zu werden, vorbei an Scheißenden und Urinierenden, an Aussätzigen, die in all dem Dreck herumkriechen, manche ohne Gliedmaßen, auf der Suche nach Essensresten.

Und in all der Hölle ereignet sich das Wunder des Lebens: Ein Bub, nicht älter als fünf Jahre, beobachtet mich. Als ich fassungslos stehen bleibe und das Geschehen rund um mich mit einer Mischung aus frivoler Neugierde und kolonialem Fatalismus betrachte und die Augen nicht abwenden kann von all dem Wahnsinn, schenkt mir das kleine Wesen einen Blick. Es ist alles gut, will er mir bedeuten. In den Augen des Kindes lese ich Angst, Neugier und Überlebenswillen. Ich bin dankbar für diesen Augenblick. Er lässt mich das Schreckliche ertragen. Der Kleine hat mir die Hand ausgestreckt und ich habe sie ergriffen.

Inzwischen ist es Nacht geworden. Gegenüber dem Bahnhof liegt die Main Bazar Road, an deren Ende das *Le Loy*. Hier, in Paharganj, lauern die Schlepper, Hehler und Taschendiebe, die Junkies und Drogenhändler, hier bieten sie den Travellers ihre Ware an: Heroin, Marihuana, Opium, für jeden etwas. Sogar für die unzähligen herumlungernden Straßenkinder ist etwas dabei: Klebstoff, um daran zu schnüffeln. Heute fühle ich mich den Verlorenen nahe. Ich bin auf der Straße gelegen, war im Chawri Bazar den Anfeindungen eines Wahnsinnigen ausgesetzt und habe das Inferno erlebt. Entkommen bin ich dem Ganzen allein durch den Blick eines Kindes. Zumindest glauben will ich es.

Erschöpft erreiche ich das Hotel. Die Straße davor ist gesperrt. Auf Höhe des ersten Stockes haben sie Tücher gespannt, die Erde ist mit Stoffbahnen ausgelegt. An den Hausfassaden lehnen Gerüste, die mit Stoff umhüllt sind und der Straße einen »Himmel« geben. Ein Straßenfest. Heilsversprecher plärren in scheppernde Mikrofone, es wird gesegnet, gegessen, getanzt. Liebespaare lassen sich vor grell erleuchteten Springbrunnen fotografieren, Lichtreklamen blinken, Kühe stehen mit Blumenkränzen am Schädel da und staunen über das alles – genau wie ich. Verschwenderischer Farbenreichtum. Indien. Die Gegensätze machen betroffen.

Mein Freund »Schotti«
New Delhi, 12. März

Nach den gestrigen Abenteuern lege ich heute einen Ruhetag ein. Ich halte das Programm bewusst klein, ich kann nicht täglich an meine Grenzen gehen.

Zimmer 509. Der Ventilator glüht. Das tägliche Schreiben kostet Kraft. Es hat auch, und vor allem, mit Fleiß zu tun. Die letzte Seite meines roten Tagebuches ist erreicht. Die Arbeit bringt Ordnung in mein Kopfchaos. Worte verselbstständigen sich, sie helfen mir, die Anstrengung dieser Reise zu ertragen. Indem ich schreibe, erlebe ich alles noch einmal. Ich bewahre es wie einen Schatz in mir auf. Zu Hause werde ich es in Form bringen. Dabei muss ich darauf achten, den Erzählfluss nicht zu verlassen. Es ist, als ob jemand neben mir sitzt, der mich korrigiert. Er ermahnt mich, einfach zu bleiben. Er kennt mich. Lange schon. Ich habe ihm einen Namen gegeben. »Schotti«. Seit ich denken kann, werde ich so genannt. Also nenne ich mein zweites Ich ebenso. Das Beobachtetwerden ist anstrengend. Der gestrige Tag zum Beispiel. Es hat sich alles so zugetragen, wie ich es beschrieben habe, obwohl – die zeitlichen Abläufe waren verschoben. Ich habe sie neu zusammengesetzt. Dadurch bekamen sie mehr Dramatik. Ich denke, dass Verdichtung näher am Leben dran ist als bloße Auflistung. War ich zu lange am Theater?

Ich öffne eine Türe. Gehe ich zögerlich auf sie zu oder entschlossen? War die Türe versperrt? Von außen, von innen? Oder war sie bloß angelehnt? Es gibt viele Möglichkeiten, einen alltäglichen Vorgang spannend zu erzählen. Man muss sich entscheiden.

Es läutet. Ich sitze. Ich schreibe. Blicke auf. Eigentlich ist es mehr ein Summen. Ich öffne. Der Etagenkellner. In der Hand hält er ein Paket.

»Your laundry, Sir!«

Ich bezahle. Ich setze mich wieder an meine Arbeit. So weit die Realität. Um sie spannend zu erzählen, muss ich die Dramaturgie ändern:

Es läutet. Ich sitze. Ich schreibe. Jetzt kommt's: Es läutet dringlicher, wie mir scheint. Ein Geräusch. Ich halte die Luft an. Atmen. Draußen steht jemand. Ich bewege mich nicht. Soll ich öffnen? Es ist halb neun Uhr morgens, zu früh, um Besuch zu bekommen. Ich spähe hinaus. Nichts. Lautlos bewege ich mich zurück. Dabei stoße ich mit dem Fuß gegen ein Stuhlbein. Ich halte den Atem an. Nichts. Ich setze mich. Sehe ich unter dem Türschlitz etwas Dunkles? Jetzt höre ich es deutlicher. Ein Knacksen. Ich täusche mich nicht. Mein Zimmer liegt im fünften Stock, das Personal darf den Aufzug nicht benutzen. Es muss also jemand von außerhalb sein, nur der Zimmerschlüssel entsperrt den Lift. Oder doch das Personal? Weshalb hat mich der Portier nicht angerufen? Der »freundliche« Mann von der Tourist-Info kommt mir in den Sinn.

Es klopft. Ich verhalte mich still, zu lange habe ich schon nicht reagiert. Wie könnte ich mein Schweigen erklären? Wenn ich schliefe? Nein. Ich war eben noch auf der Terrasse beim Frühstück. Hat mich der Kerl beobachtet? Er muss wissen, dass ich hier drinnen bin. Wieder klopft es. Ich bewege mich in Richtung Türe. Lautlos. Durch den Spion sehe ich nichts. Nichts. Atmen. Ist es mein Atem? Angstschweiß. Ist es der Typ, der gestern ausgezuckt ist? Ist er mir nachgegangen? Das Keuchen ist jetzt deutlich zu hören. Wieder klopft es. Ich habe zu viele Krimis gedreht. Ich bin wie gelähmt vor Angst. Meine Hand umfasst die Klinke. Sie fühlt sich kalt an. Jetzt geht alles schnell. Ich reiße die Türe auf.

»Your laundry, Sir!«

Der Etagenkellner ist kleiner als eins fünfzig, durch den Spion konnte ich ihn nicht sehen. Er legt die gebügelte Wäsche aufs Bett.

Schotti gestattet mir nicht, die Geschichte, die in Wahrheit keine ist, so zu erzählen. Nicht alles muss spannend sein. Für heute mag er recht behalten.

Am frühen Nachmittag verlasse ich das Hotel. Der Gurudwara Bangla Sahib, Delhis größter Sikh-Tempel, ist mein Ziel. Schon von Weitem ist die riesige goldene Kuppel zu sehen. Der Marsch durch die halbe Stadt hat mich erschöpft. Ich sitze auf einem Teppich und genieße den Windhauch der großen Ventilatoren. Die Schuhe deponiert man draußen im Shoe Center, ein paar Stufen unterhalb des Eingangs. Dort gibt es auch Tücher, die man sich umzubinden hat. Was dem Juden die Kippa, ist dem Sikh der Turban – als Kompromiss, für Andersgläubige, das Kopftücherl. Gar nicht so leicht, es fachgerecht aufzusetzen, es ist nicht größer als eine Briefmarke. Nach einigem Ziehen und Zupfen sitzt das Tuch am Touristenkopf. Lässig ist anders.

Der monotone Sprechgesang der Mönche wird begleitet von einem blechern tönenden Harmonium und den
allgegenwärtigen Kesseltrommeln. Den Besuchern ist bei
Betreten der heiligen Stätte eine rituelle Säuberung vor-
geschrieben. Männer mit langen Stangen gehen durch die
Anlage und züchtigen Zuwiderhandelnde. Die Füße hält
man in ein Wasserbecken, Gesicht und Hände reinigt
man in steinernen Bottichen. Gesäubert betritt man den
großen, mit weißem Marmor bedeckten Hof, danach erst
das Allerheiligste. Hier ist alles aus purem Gold: Säulen,
Altar, Nischen. Hier sitzen die Musiker. Die Priester
hocken auf blumenbekränzten Podesten und nehmen
mit stoischer Miene die Opfergaben entgegen. In ihrer
Mitte thront der Würdenträger, auf seinem Kopf ein
besonders ausladender Turban. In der Hand hält er einen
Staubwedel, mit dem er die vor ihm liegenden Gläubigen
segnet, danach werden sie von den Assistenten hochgezo-
gen und die Nächsten dürfen Kopf und Knie beugen.

Glauben macht hungrig: In einem der seitlich gelege-
nen Gebäude gibt es dreimal am Tag Ausspeisung, eine
Art Klosterküche, die von hungrigen Touris und anderen
Bedürftigen gerne in Anspruch genommen wird.

Am Präsidentenpalast vorbei, ist der Rajpath mein
nächstes Ziel. Weder die Ramblas in Barcelona, die
Champs-Elysées in Paris noch die Nguyen Hue in Saigon
können es mit diesem Pracht-Boulevard aufnehmen.
Parks und Brunnen säumen die Fahrbahnen, der Rajpath
ist mehr Erholungsraum als Straße. Hier findet alljährlich
am 28. Jänner die Parade zum Unabhängigkeitstag statt.
Auch der Leichenzug Gandhis, begleitet von Hunderttau-

senden, kam hier vorbei. Heute sind die Fahnenstangen mit französischen Flaggen geschmückt, Staatspräsident Macron weilt zu Besuch. Im Schatten eines großen Baumes mache ich ein Nickerchen. In der Nähe ist ein Kricketspiel im Gange. Ein Geräusch weckt mich. Ein alter, weiß gewandeter Mann kratzt sein Mittagessen mit ein paar Chapati-Stückchen aus dem Blechnapf.

Gegen Abend wandere ich durch das Diplomatenviertel: prächtige Kolonialvillen, bewacht von baumlangen, weißbärtigen Kerls, schwer bewaffneten Securitys, die mit stechendem Blick jede Bewegung des Reisenden beobachten, stets bereit, den Säbel zu ziehen und ihn im Verdachtsfall abzuschlachten. In einem schönen Hotel mache ich Rast und leere zwei eisgekühlte Kingfisher. Das *Claridges* ist einer jener ehrwürdigen Kästen, in dem schon Vizekönige abgefüllt wurden.

Am Beginn und am Ende der Lodhi Road stehen zwei bemerkenswerte Mausoleen: das Humayun und das Safdarjung, groß angelegte Mogul-Gräber. Jeder der Kuppelbauten birgt in seinem Inneren eine Fülle von Skulpturen, über und über mit Edelsteinen geschmückt, die von Größe und verschwenderischem Reichtum vergangener Zeiten erzählen. Letzte Sonnenstrahlen färben die Fassade des Humayun, dessen Front in Richtung Mekka weist, orangerot ein.

Ich nehme ein Tuk-Tuk und kehre zum *Le Loy* zurück. Die letzten Meter gehe ich zu Fuß. Oben auf der Hotelterrasse wird das Abendessen serviert. Heute bin ich der einzige Gast. Von irgendwo ruft der Muezzin. Über den Dächern von Paharganj ist es ruhig und friedlich.

Die ersten Ohrfeigen fallen unmittelbar neben mir. Zwei Kellner springen sich wie Raubkatzen an und schlagen sich gegenseitig ins Gesicht. Der Maître d'Hôtel, ein soignierter Sikh mit rotem Turban, trennt die beiden Kampfhähne, bugsiert sie in die Küche zurück und verneigt sich tief vor mir.

»No problem, Sir. Enjoy your dinner!«

Hoffentlich streicht mir mein Freund Schotti die letzten Sätze nicht. Man weiß ja nie.

Das Museum
New Delhi, 13. März

Museen berichten von Vergangenem, geben Auskunft über Gegenwärtiges, vermitteln Erkenntnis für Zukünftiges. Die Aufgabe der Kunst ist es, Bestand aufzunehmen, um daraus Schlüsse zu ziehen. Ihre Sprache ist zumeist laut, muss sie sich doch gegen das Establishment durchsetzen. Kunst ist Gegenwart. Ohne Aischylos, Vergil, Euripides wüssten wir nichts über die Vergangenheit, die zu ihrer Zeit alles andere als vergangen war. Ohne Bacon, Serra, Kentridge, Baselitz, ohne Stockhausen, Henze, Foster, Libeskind – die künftige Generation wüsste nicht über uns Bescheid. Architekten, Komponisten, Dichter, Bildhauer, Kunstschmiede, Seidenmaler, sie alle erzählen Geschichten. Die Museen bewahren sie auf.

Zu meinen Schatztruhen zählen das Leopold Museum Wien, oder, eine dringende Empfehlung, das Haus der Künstler in Gugging. Klimt, Schiele, Kokoschka, Hauser, Walla, Tschirtner (pars pro toto): Seismografen, Anatome, Kopf- und Instinktkünstler. Wahrheit berührt, sie trennt Kunst von Kunstfertigkeit, Freimut von Kalkül. Ich verbringe viel Zeit in Museen, inzwischen mehr als in Theaterhäusern, wobei mir der Widerspruch zwischen Künstler und Kunstbetrieb wohl bewusst ist. Ein Bild, eine Plastik, eine Symphonie, ein Text. Schließe die Augen und genieße es – ohne dass sich Interpretation und Analyse hochweiser Rezipienten dazwischendrängt. Kunst geht von Herz zu Herz, nicht von Kopf zu Kopf. Museen, »Archive des Schweigens« (Gerhard Roth), schenken uns den Raum dafür.

Ein solcher Ort ist das National Museum in der Janpath Road, es vermittelt einen großartigen Einblick in die Kulturgeschichte Indiens. Zur Eintrittskarte bekommt man einen Audioguide und durchmisst den Subkontinent in Siebenmeilenstiefeln. In Räumen, in denen der Geruch alter Tage verwahrt ist, lässt sich trefflich träumen. Das größte und bedeutendste Museum Indiens beherbergt eine riesige Anzahl von Kunstschätzen aus prähistorischer Zeit, der Indus-Kultur, der Gandhara-Kultur und der Zeit der Gupta-Herrscher (um 500 v. Chr.), bis hin zu Objekten des 21. Jahrhunderts. Unter Nehru wurde der Grundstein des Hauses gelegt, fünf Jahre später, 1960, wurde es eröffnet. All das, was ich in den vergangenen Wochen über dieses rätselvoll schöne Land erfahren habe, findet hier seinen Höhepunkt: Skulpturen, Bronzen, Miniaturmalereien, Statuetten, Kunstschmiedearbeiten, Stoffe und Schmuck, Waffen, Kostüme, Masken, Artefakte und was nicht alles. Draußen, neben dem Ausgang, steht das Wunderwerk eines holzgeschnitzten Tempelwagens, eine Arbeit aus dem südlichen Bundesstaat Tamil Nadu.

Von der Kunst- und Kulturgeschichte zur Zeitgeschichte dauert es nur eine halbe Stunde. Ich gehe durch prachtvolle Alleen, vorbei an Regierungsgebäuden und Botschaften, Villen, altehrwürdigen Hotels, Grünflächen mit Blumen und exotischen Bäumen, bis hin zur Tees January Marg. Hier, auf Nummer 5, hat Mohandas

Karamchand Gandhi, Vater der Nation, seine letzten Tage verbracht. Er war nach Delhi gekommen, um sich für ein Ende der Ausschreitungen gegenüber Moslems einzusetzen. Es war sein Todesurteil. Am 30. Jänner 1948, kurz vor siebzehn Uhr, ging Gandhi zur Abendandacht. Aus der Menschenmenge trat ein Mann und schoss. Gandhi war sofort tot. Seine Schritte quer durch den Garten sind inzwischen in Beton gegossen. Eine Touristin schreitet den Weg ab, dabei hält sie eine Cola-Dose in der Hand und isst einen Burger. Genau sechzig Jahre später ist sein letzter Weg zur Touristenattraktion verkommen.

Ein paar Straßen weiter liegt die ehemalige Villa von Indira Gandhi, namensgleich, aber nicht verwandt mit Mahatma. Die Lady hat das Land mit eiserner Hand regiert, wahrscheinlich kann man der Herausforderung, einem so heterogenen Land gerecht zu werden, nicht anders begegnen. Hier lebte sie mit ihren Söhnen Sanjay und Rajiv und deren Familien. Am Vormittag des 31. Oktober 1984 wartet ein Reporter der BBC am anderen Ende des Parks. Ein Interview ist angesetzt, die Ministerpräsidentin hat sich fein gemacht. Man hatte ihr geraten, einen safrangelben Sari zu wählen, da diese Farbe auf den Bildschirmen besonders gut zur Geltung kommt und einen wirkungsvollen Kontrast zu ihren schwarzen Haaren mit der weißen Strähne bildet. Sie trat aus dem Seiteneingang des geschmackvollen Bungalows in der Safdarjung Road 1. Ton ab. Kamera läuft. »Mein Name ist Peter Ustinov. Ich stehe im Garten der Ministerpräsidentin. Es sind Vögel in den Bäumen. Wächter stehen in den Winkeln. Es ist ruhig …«

Die letzten Meter ihres Weges sind auch hier markiert: zerbrochene Glasplatten. Die Lady erreicht das Tor und schenkt ihrem Leibwächter, Unterinspektor Beant Singh, ein strahlendes Lächeln. Als Antwort schießt er ihr mit seinem Dienstrevolver in den Unterleib. Sie bricht zusammen. Wachtmeister Satwant Singh legt mit einer Maschinenpistole nach. Die beiden Sikhs nehmen Rache für das Massaker von Amritsar, für das die Ministerpräsidentin die Verantwortung trägt: An heiliger Stätte erschossen Regierungstruppen mehr als zweitausend aufständische Sikhs.

»Ich muss gestehen, als ich eben sagte, es sei ruhig, habe ich mir selbst nicht geglaubt. Es waren keine Feuerwerkskörper, die zu hören waren, es waren Schüsse. Die Wächter stehen nicht mehr in den Winkeln. Aber die Vögel sind noch in den Bäumen …«, sagt der prominente Reporter. Indira Gandhi erliegt kurz darauf ihren Verletzungen. In den folgenden Tagen wurden dreitausend Sikhs abgeschlachtet, Hunderttausende flohen aus Delhi in Richtung Norden, in den Punjab.

Museen berichten von der Geburt unserer Tage. Sie berichten ebenso von ihrem Ende. Morgen werde ich vom Indira Gandhi International Airport aus in die Stadt des Todes reisen. Ich verlasse die Stadt wehmütig. Sie hat mir viel vom Leben erzählt.

Im Fegefeuer
New Delhi – Varanasi, 14. März

Ich verlasse Delhi, die Stadt, in der die Sonne nicht aufgeht. Wie eine riesige Dunstglocke hängt der Smog über ihr. Man gewöhnt sich daran. Die Kinder kennen es nicht anders: Diesel und Dioxin. Eine tödliche Mischung. Keine Ahnung, warum es mir gerade heute auffällt. Vielleicht, weil ich in Gedanken schon zu Hause bin, im kleinen, sauberen, menschenleeren Wien. Gute Luft, sauberes Wasser, essen, ohne sich vorher die Hände sterilisieren zu müssen. Täglich erhalte ich schöne SMS, ebenso viele schicke ich zurück. Vier Wochen bin ich schon unterwegs. Was für eine Herausforderung, durch ein so anspruchsvolles Land zu reisen!

Ich trete vor das *Le Loy*, das Hotel, von dem mir abgeraten wurde und das sich als das luxuriöseste bisher entpuppte. Alle drei Tage wird das Bettzeug gewechselt, ebenso oft das Handtuch. Mehr kann man von drei Sternen nicht verlangen.

Die Hitze verschlägt mir den Atem. Es ist nicht nur der Smog, der Feinstaub legt sich auf die Lunge. Ich stoppe ein Tuk-Tuk. Der Preis für die paar hundert Meter zur New Delhi Station erscheint mir zu hoch. Schön langsam kenne ich die Preise. Warum hundertfünfzig zahlen, wenn man denselben Weg auch für hundert fahren kann? Dass die Differenz sechzig Cent ausmacht, ist mir schon

186

gar nicht mehr bewusst, längst habe ich mich an den hiesigen »way of life« gewöhnt.

Der Hotelportier, Augenzeuge der Verhandlung, ist entrüstet: »Bad man. He wants your money, Sir. We will find another!«

Ich stecke ihm ein paar Rupien zu und finde an der großen Durchzugsstraße, was ich suche. Für den Weg brauchen wir satte zwanzig Minuten. Obwohl die Kühe aus der Innenstadt Delhis verbannt sind, stehen Rikschas, Autos, Busse, Motorräder, Handkarren und Radfahrer Reifen an Reifen. Gesetz des Dschungels. Zuerst der Bus, zuletzt das Fahrrad. Auch das ist der Unterschied zu Wien. Bei uns haben die Radler Vorrang. Wenn nicht, dann nehmen sie sich ihn.

Der Airport-Metro-Express hat einen eigenen Terminal. Davor liegen die Unberührbaren – ein Leben zwischen Unrat, Abfällen und Kot. Drei Stockwerke darunter rasen digital gesteuerte Hochgeschwindigkeitszüge im Fünfzehn-Minuten-Takt zu einem der größten Airports der Welt. Fahrtkosten: sechzig Rupien. Für das Taxi zahlt man zehnmal so viel und ist mindestens zwei Stunden lang unterwegs.

»Welcome to Indira Gandhi International Airport. More than sixty-three million passengers by year« – das Einchecken geht blitzartig, in Wien steht man sich bei einem Bruchteil der Fahrgäste die Beine in den Leib. Ich vernichte ein unaufregendes Chicken-Biryani und stelle mich der immerwährenden Herausforderung der Geldbeschaffung. Die Manipulation an den Bankomaten ist eine nicht enden wollende Challenge.

Flug 9W0820 nach Varanasi Airport landet pünktlich. In Flughafennähe sind die Straßen noch gut, sie verschlechtern sich, kaum dass man sich dem Gassengewirr der Old Town nähert. Godaulia heißt sie, und es klingt wie eine der Nornen aus dem Nibelungenlied. Die Straßen versinken im Unrat, zum Teil sind es unbeleuchtete Erdpisten. An manchen Geschäften hängen Kerosinlampen, so grell, dass man zu erblinden droht. In den engen Gassen wird der Verkehr immer dichter, entsprechend langsam kommen wir voran. An einer Straßenecke hängt eine Tafel »City of Lord Shiva«. Darunter eine kleinere: »Keep Varanasi clean!«

Ich frage den Taxifahrer nach dem Weg zum *Puja Guest House*. Schon seit einiger Zeit habe ich das Gefühl, als bewegten wir uns im Kreis.

»No English!«

Eine Prozession bahnt sich ihren Weg, vorbei an Kühen und Rikschas. Männer schultern eine Bahre aus Bambusstangen, darauf liegt eine mit Blumen bedeckte Leiche. Dumpfe Trommeln, Schreie. Lord Shiva empfängt mich mit allen Ehren.

Der Fahrer wendet sich um und wackelt mit dem Kopf. Ich weiß, was das zu bedeuten hat: Bis hierher und nicht weiter. Ich denke nicht daran auszusteigen. Keine Ahnung, wo mein Guest House liegt. Der Kerl deutet mit zwei Fingern in die Luft, damit will er sagen, dass ich ab hier zu Fuß gehen muss. Zum Glück habe ich die Telefonnummer des Hotels eingespeichert, ich reiche ihm das Handy. Trommeln, Schreie. Draußen wird eine weitere Leiche vorbeigetragen. Ich habe gelesen, dass man sich speziell in Varanasi der Schlepper kaum erwehren kann. Touristen stellen eine willkommene Beute dar, sie verlieren sich in den verwinkelten Gassen. Jeder Fremde ist für hiesige Verhältnisse ein Dollar-Millionär.

Der Taxler schüttelt den Kopf. »I bring you to another hotel!« In kürzester Zeit hat er Englisch gelernt. Das ist das Muster. Er startet. Jetzt braucht's eine Idee. Ich zeige ihm mein Flugticket. Er überlegt. »When you go back?«

Ich sage: »In two days. And I need a car to the airport.«

Gewonnen. Er kritzelt eine Telefonnummer auf das Online-Ticket, daneben den Namen Sanjay und lächelt mich aus zahnlosem Mund an.

Ich sage: »I will call you. Let's go to the hotel!«

Wieder telefoniert er. »They will pick you up.«

Ich bin skeptisch, aber er zeigt mir das Display. Der letzte Anruf ging tatsächlich an das *Puja Guest House*.

Weitere Leichen werden vorbeigeschleppt. Nach einer halben Stunde reißt ein junger Mann die Autotüre auf. Auf seinem T-Shirt steht »Puja – The Paradise«. Er schnappt nach meinem Rucksack und taucht in der Menschenmenge unter, ich habe Mühe, mit ihm Schritt zu halten. Dichte Rauchschwaden liegen über den Straßen. Ich sehe nichts mehr. Er deutet auf den weißen Qualm. »Against mosquitoes!« Das Gedränge wird bedrohlich. Worauf habe ich mich da eingelassen? Dieser Albtraum von Stadt überfordert mich jetzt schon.

»They go to the Golden Temple!«, ruft mir der Junge zu. Trommeln, Schreie, Leichen. Ich habe Angst. Dichter Rauch kriecht durch die Gassen wie Nebel. Dazu kommt, dass es bereits stockdunkel ist. Kühe verstellen mir den

Weg. Der Gestank ist unerträglich. Ich stolpere über einen ausgemergelten Hund, ich habe Hunger, ich bin zum Umfallen müde und ich beginne daran zu zweifeln, ob es dieses verdammte Guest House überhaupt gibt. Vor Jahren habe ich einen Film gedreht, *Averills Ankommen*. Ein junger Mann verliert sich in einer Stadt am Ende der Welt. Das Drehbuch habe ich selbst geschrieben, ich hätte nicht gedacht, einige Jahre später in ebendiesem Albtraum zu landen.

Die Reise zu Lord Shiva endet in Varanasi. Aus ganz Indien werden die Todgeweihten hierhergebracht. Morituri me salutant. Je länger wir gehen, desto verlassener werden die Gassen. Die Mauern beginnen zu sprechen. Über zweieinhalbtausend Jahre stehen sie schon an derselben Stelle. Godaulia wurde von Lord Shiva persönlich gegründet. Es ist eine der ältesten ununterbrochen bewohnten Städte der Welt. Immer schon stand sie im Mittelpunkt des Hinduismus. In unmittelbarer Nähe befindet sich die Industriestadt Prayagraj, nicht weiter erwähnenswert, stünde sie nicht am Zusammenfluss der Yamuna und des Ganges. Orte, die an den Ufern dieser Flüsse liegen, gelten als Glück verheißend. Dementsprechend viele religiöse Feste finden hier statt. Das bedeutendste heißt Kumbh Mela und wird im Intervall von drei Jahren gefeiert. Gläubige tauchen im heiligen Wasser unter, geschätzte dreißig Millionen waren es beim letzten Mal – an einem einzigen Tag.

Die Durchgänge werden schmäler. Die Steine erdrücken mich. Vor mir taucht der riesige Schädel einer Kuh auf. Ich kann weder vor noch zurück. Das Biest steht einfach da. Langsam kommt es auf mich zu. Ein heiserer Schrei aus der Dunkelheit. In einem Mauervorsprung kauert ein heiliger Mann und verscheucht es. Es stinkt nach menschlichen und tierischen Exkrementen. Schwärme von Moskitos. Beißender Rauch lässt meine Augen tränen. Als ich sie öffne, entdecke ich an einer der Mauern den Namen *Puja Guest House*. Wir sind in der Nähe des Flusses gelandet. Wilde Hunde jagen eine Affenherde. Vor mir ein Scherengitter. Der Junge stößt es zur Seite. Ein dreckiger Mann begrüßt mich und nimmt meinen Rucksack in Empfang. Freddy Krueger, der Serienmörder aus *Nightmare on Elm Street*, schiebt heute Dienst. Er weist mir eine Zelle im dritten Stock zu. Freddy startet einen rostigen Ventilator, der die modrige Luft im Raum verteilt.

»Don't open the windows!«, brummt er, »the monkeys are hungry.« Sagt's und lässt mich allein.

Das Abendessen nehme ich auf der dreckigen Dachterrasse ein. Rauchschwaden ziehen über das Gangesufer. Freddy klärt mich auf: verbranntes Fleisch. Unmittelbar neben dem Guest House liegt der Manikarnika Ghat, die größte Verbrennungsstätte Varanasis, eines der wichtigsten Open-Air-Krematorien Indiens. Hier brennen die Scheiterhaufen vierundzwanzig Stunden lang. Trommeln, Schreie. Ich bin in der Hölle gelandet.

Burning Bodies
Varanasi, 15. März

Um fünf Uhr dreißig läutet der Wecker. Ich habe ein Boot bestellt. Katzenwäsche. Im Badezimmer sind die Haare meiner Vormieter konserviert. Freddy schläft am Boden neben der Rezeption. Draußen, vor dem Scherengitter, werde ich bereits erwartet. Auf der Uferstraße ist mächtig was los, bei den Verbrennungsstätten werden die Leichen im Minutentakt angeliefert. Trommeln, Schreie. Die ganze Nacht ging das so. Am Lalita Ghat besteige ich einen Kahn. Ich möchte das Gangesufer entlangfahren, sofern das Boot nicht leckt – vorne, im Bug, sieht es ganz danach aus.

Zum Wasser führen Steintreppen hinunter. Männer entkleiden sich bis auf die Unterwäsche, die Frauen behalten ihre Saris an. Man muss dreimal untertauchen. Viele benützen das Bad auch zur Körperpflege: Haare waschen, Zähne putzen, manche nehmen auch ein heiliges Schlückchen. Spirituell mag es von Nutzen sein, gesundheitsfördernd ist es nicht. Der Fluss ist extrem verunreinigt. Am schlimmsten sind die Schwermetalle, die gemeinsam mit den Abwässern der Stadt aus den flussaufwärts gelegenen Fabriken in den Ganges geleitet werden. Dazu kommen die Leichen. Nicht jeder Tote wird verbrannt, »Reine« werden im Fluss entsorgt: Kindern, Schwangeren und Heiligen bleiben die Flammen erspart. Sie bekommen einen Stein um die Füße. Im Flussbett lagern jede Menge Tote.

Indien feiert das Holi-Fest – der Sieg des Bunten über das Graue.

Das Fest hinterlässt seine Spuren.

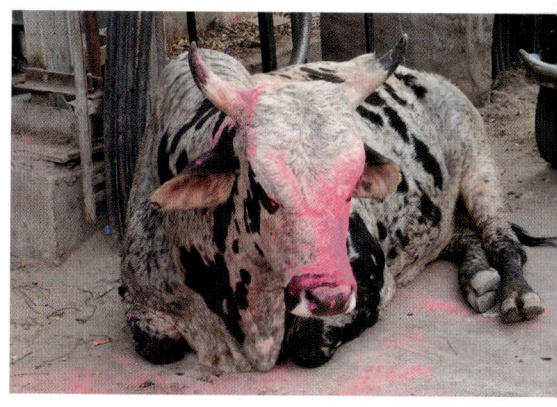

ational Research
entre on Camel,
kaner

Indiens Frauen haben die
Gegenwart noch vor sich.

Motilal Surama,
der Hellseher von
Bikaner

Straßenszene in Bikaner, Rajasthan

Das Nationalheiligtum Indiens

Das *Raj Mandir* in Jaipur ist eines der schönsten Kinos der Welt.

Seltene Baumfrucht in
Jaipur, Rajasthan

Guru im Affen-
tempel Galta Ji,
Jaipur

Wasserverteiler
in Jaipur

Ein Erleuchteter

Auf einem Reiskorn
ist Platz für die
ganze Welt.

Der Zoo von Jaipur
ist einer der fort-
schrittlichsten der
Welt – er zeigt alles,
nur keine Tiere.

Indien: Tradition und Moderne

Die Jugend blickt skeptisch in die Zukunft.

Das Jantar-Mantar-Observatorium, Jaipur

Der Taj Mahal aus der Sicht
des lebenslang Liebenden
Shah Jahan

Lesepartner de
Tabawidul Qura
Primary School, Agr

Siesta im Shahjahan Park in Agra, Uttar Pradesh

Wer ist stärker – Göttin oder Mensch?

Morgenstimmung in
New Delhi

Nickerchen im Frühverkehr
von New Delhi

शहीद स्तम्भ के लिए रास्ता
THE WAY TO THE MARTYR'S COLUMN

30 जनवरी 1948 को अन्तिम बार इसी मार्ग से
बापू प्रार्थना के लिए गए।

FOR THE LAST TIME GANDHIJI WENT TO THE
PRAYER MEETING THROUGH THIS PATH.

Gandhis letzte Schritte vor
seinem Haus in New Delhi

Mein Hotel
am Manikar-
nika Ghat,
Varanasi

Das Baden
im heiligen
Ganges kann
nicht gesund
sein …

Zwischen Leben und
Tod: die heilige Stadt
Varanasi

Heiliger Mann in
Varanasi, Uttar
Pradesh

Im Bus durch die Elliot Road,
Kolkata, Westbengalen

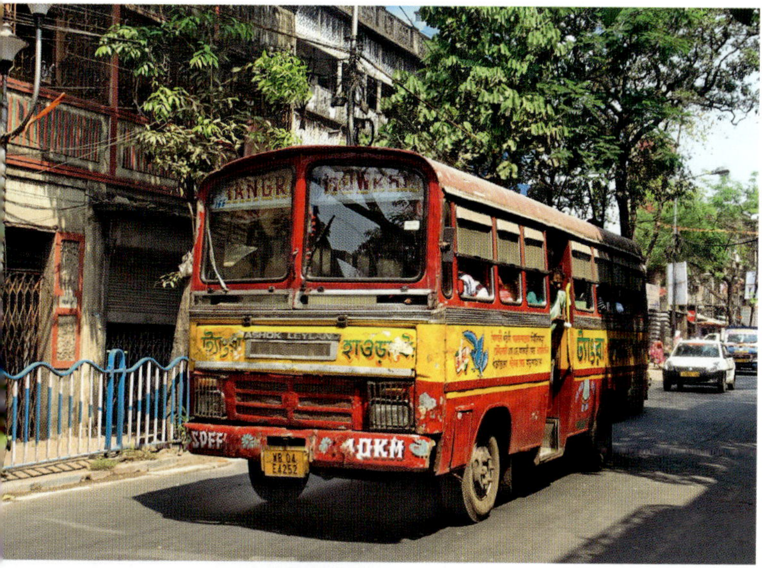

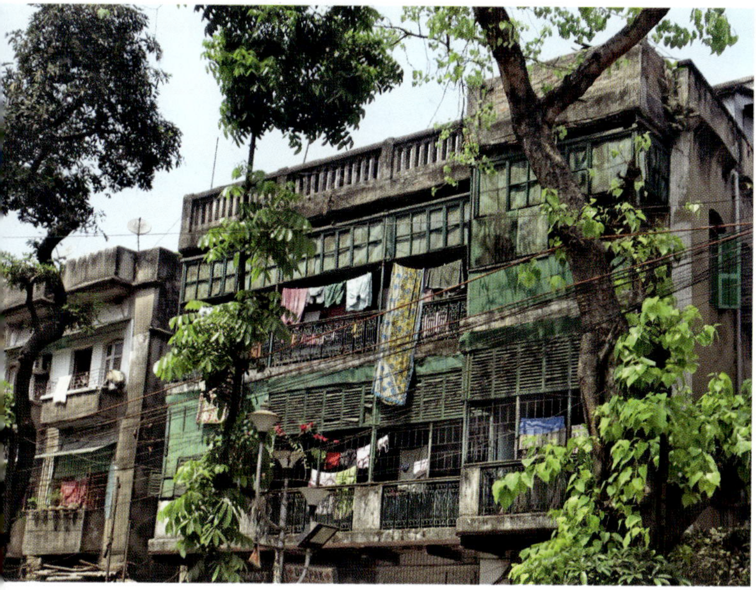

Haus in Kolkata

Wahlkampf
in Westbengalen

Morgentoilette in der
College Street in Kolkata

New Market in Kolkata

Mutter Teresas
letzte Ruhestätte
in der A. J. C. Bose
Road, Kolkata

Blumenmarkt an der
Strand Bank Road in
Kolkata

Die Howrah Bridge
verbindet de[n]
Bezirk Howrah mi[t]
Kolkat[a]

Dr. Mohandas
Karamchand
Gandhi, die »Seele
Indiens«, ist immer
noch allgegenwärti[g]

Vom Boot aus beobachte ich die Scheiterhaufen. Für uns Westmenschen übt das Tabu des Todes eine Anziehungskraft aus, der wir uns nur schwer entziehen können. Im hinduistischen Glauben ist Sterben gleichbedeutend mit Geburt. Hindus glauben an den immerwährenden Kreislauf: Der Tod ist mehr als das Ende des Lebens. Er ist der Beginn. In welcher Art die Wiedergeburt erfolgt, hängt vom Karma ab. Je mehr gute Taten, desto harmonischer fällt das nächste Leben aus. Es haftet wie ein Superkleber an der menschlichen Seele, man wird es nicht mehr los – im positiven wie im negativen Sinn. Optimal wäre es, als Mensch wiedergeboren zu werden, dann ließe es sich am effektivsten beeinflussen. Die Ausfahrt aus dem ewigen Kreisverkehr heißt Moksha (Erlösung). Sie ist das Ziel. Dafür braucht's jede Menge »redlicher« Taten: Gottesliebe, Wissen, Selbstlosigkeit und Meditation. Dem gläubigen Hindu aber steht noch ein anderer Weg offen: Die Direttissima ins Paradies führt über die heilige Stadt Varanasi. Wer hier stirbt, am Ufer des Ganges verbrannt und im heiligen Wasser bestattet wird, hat freien Eintritt zur Erlösung. Kein Wunder, dass nirgends so gerne gestorben wird wie hier.

Über dem jenseitigen Flussufer, einem breiten Sandstreifen, ebenfalls ein Ort ritueller Reinigung, geht die Sonne auf. Boote setzen die Gläubigen über. Drüben seine Gebete zu verrichten, hat den Vorteil, sich nicht den neugierigen Blicken der Touristen auszusetzen. Trotzdem die ersten Sonnenstrahlen den Fluss in zartrosa Licht tauchen, bleibt der Himmel über Varanasi verdunkelt. Die

Dunstglocke wird sich den ganzen Tag über nicht lichten. Der Rauch der Flammen umfängt die Stadt.

Mit wackeligen Beinen betrete ich das Nordufer. Zu Fuß nähere ich mich dem Manikarnika Ghat. Von Weitem schieße ich ein Foto. Was vom Boot aus erlaubt war, ist hier tabu. Ein Mann stürzt auf mich zu. Sein Zugriff fühlt sich rau an und kalt. Ich bin viel zu erschrocken, um mich zu wehren. Er zerrt mich zu den Scheiterhaufen und übergibt mich einem Weißgewandeten. Der Mann stellt sich als Leiter von drei Ashrams vor, in denen die Sterbenden auf ihre Erlösung warten. Ich bin in den Fängen des Todes. Die Häuser gleichen hohen, von Karies befallenen Stockzähnen; die vom Ruß der Flammen geschwärzten Fassaden und die Fenster, leere Augenhöhlen eines Totenschädels, entstammen der apokalyptischen Kopfwelt eines Alfred Kubin. Hier liegen die Ärmsten der Armen. Aus den Häusern höre ich Klageschreie. Mutter Teresa war hier, erzählt mir der Weiße in gutem Englisch. Die Hospize werden ausschließlich durch Spenden erhalten. Ärzte braucht es nicht, die Elenden ersehnen ihren Tod. Sie liegen auf dem Boden, in den Gängen, auf den Treppen, dort, wo gerade ein Platz frei wird. Freiwillige begleiten sie auf ihrem Weg ins Feuer.

Das aber ist keineswegs selbstverständlich. Zwei- bis dreihundert Euro kostet das kostbare Sandelholz im Schnitt. Oben, neben den in den Himmel ragenden Hausmauern, stehen Waagen, die das Gewicht der Siechenden bestimmen, um die entsprechende Menge an Brennmaterial vorzubereiten. Nur wenige können sich das leisten. Deshalb gibt es Menschen, die für Donationen zuständig sind. Ich ahne Schlimmes, aber ich bin schon viel zu weit vorgedrungen, meine Neugier versperrt mir den Rückweg. Der Mann führt mich an den brennenden Holzstößen vorbei. Mit einem Stock facht er Glutnester an, rückt Gliedmaßen zurecht, kratzt Fleisch von den Knochen. Ich merke, wie der Boden unter mir nachgibt. Kein Wunder, zwischen den Feuerstellen liegt knöcheltief der Dreck: verwelkte Blumen, Ausscheidungen, Asche. Ich bin wie gelähmt. Dazu ist es mörderisch heiß. In was für eine Welt bin ich geraten?

Natürlich ist das alles ganz selbstverständlich und nichts anderes als das Leben selbst, nur eben auf eine radikale Art. Darauf sind wir Westler nicht vorbereitet. Erwache ich je aus diesem Albtraum? Ich stehe in Scheiße und verbranntem Menschenfleisch, der Weißgewandete, das Prasseln des Feuers, Moskitoschwärme, das Wimmern der Sterbenden, die Schreie der Leichenträger – ich vermag mich nicht zu lösen vom Ort der Finsternis. Ich wage kaum zu atmen. Eine Kuh drückt mich nahe an eines der Feuer, ich weiche aus und stoße mit einem Wäscher zusammen, der einen nackten Mann aus dem Fluss zerrt. Hohles Klopfen. Ein Halbwüchsiger zerschlägt die Schädeldecke eines Toten. Das ist wichtig, sagt der Weiße, nur wenn alles verbrannt ist, findet die Seele den Weg zur Freiheit.

Unaufhörlich wird frisches Menschenmaterial angeschleppt, alle fünf Minuten geht ein Körper in Flammen auf, vierundzwanzig Stunden pro Tag. Die Männer, die hier arbeiten, sind angesehen. Barfuß latschen sie zwischen den Holzstößen herum, Kinder spielen, Kühe kauen an

verwelkten Blumen und scheißen, und in all dem Chaos
stehe ich, der mit allen Wassern gewaschene Indien-Reisende, und bin überfordert und fühle mich ausgeliefert.

Du kennst das Handwerk,
Weißt, dass ein Guss missraten kann
Oft werden Knöpfe ösenlos,
So landest du in meiner Kell ...

Zweimal habe ich die Rolle des Knopfgießers in *Peer Gynt*
gespielt. Er hat den Wert des Lebens zu beurteilen, im
negativen Fall droht das »Einschmelzen« von Peers Seele.
Solvejg, die ein Leben lang auf Peers Rückkehr gewartet
hat, spricht die erlösenden Worte:

Er war in meinem Glauben,
in meinem Hoffen,
in meiner Liebe –
Und ist es noch ...

Schöner kann man über ein Menschenleben nicht befin-
den. Auch der Knopfgießer von Varanasi steht an der
Grenze zwischen Leben und Tod. Er richtet nicht. Seine
Aufgabe ist es, die Toten in ihr Reich zu geleiten.

Ankommen tun sie alle gleich: Auf einem Gestell aus
Bambusstangen. Ausschließlich männliche Anverwandte
nehmen an der Zeremonie teil, Frauen sind nicht zugelassen. Es heißt, sie würden die Stimmung mit ihren
Emotionen negativ aufladen, es soll schon vorgekommen
sein, dass sie den Toten ins Feuer folgten. Nach dem

Waschen werden die Leichen auf die unterste Holzschicht gelegt, die teuren Stämme stapeln sich darüber und die Leiche wird mit einer leicht brennbaren Flüssigkeit besprüht. Nun kommen die Hinterbliebenen ins Spiel. Mit Stroh entzündet der Erstgeborene den Holzstoß, das Feuer dafür holt er sich aus einer Mauernische oberhalb des Ghats. Seit Jahrhunderten wird hier die Ewige Flamme gehütet. Fünfmal muss der Tote umrundet werden, sinnbildlich für die Elemente Feuer, Wasser, Erde, Luft und Seele. Die Flammen lodern, jetzt übernimmt das Personal. Die Angehörigen betrachten das Spektakel aus angemessener Entfernung. Ihr Geld ist gut investiert. Der Verstorbene wird in nicht mehr als drei Stunden zu Asche verbrannt sein. Das muss er auch, der nächste Klient wartet schon. Am nächsten Tag füllen die Verwandten die Asche in einen Krug und überantworten sie dem Ganges. Das Paradies steht offen.

Die grausame Selbstverständlichkeit der Zeremonie beeindruckt mich. Das Unvermeidliche hat zu geschehen. Ich verabschiede mich von dem Weißen, spendiere zwei Kilo Sandelholz, stecke ihm ein tüchtiges Trinkgeld zu (was er auch einfordert) und verlasse die Stätte des Todes. »Thank you in the name of the burning bodies!«, brummt er missmutig. Der Knopfgießer hat sich zumindest vier Kilo erwartet.

Die Sonne steht vermutlich schon hoch oben am Himmel. Über den Häusern dicke Rauchwolken. Heute bin ich zu Gast auf der anderen Seite der indischen Hemisphäre. Wenn man all das Schöne erleben möchte, muss man auch das Gegenteil ertragen. Incredible India.

Kurze Zeit später sitze ich auf der Terrasse des *Puja*. Die Trommeln, die Schreie der Angehörigen. Weitere Stöße brennen. Ich habe Hunger. Während ich esse, blickt mir mein Freund Schotti über die Schulter. Er ist zufrieden. Ich habe mit meiner Erzählung kein bisschen übertrieben.

Am Abend nehme ich denselben Kahn wie am Morgen, um einem Spektakel beizuwohnen, das in Rishikesh, Haridwar und Varanasi täglich um dieselbe Zeit abläuft. Um punkt achtzehn Uhr dreißig versammeln sich die Pilger, um am Gangesufer ein rituelles Feueropfer abzuhalten. Zu Ehren der Göttin Ganga werden Papierschiffchen mit Blumen aufs Wasser gesetzt. Der Fluss gilt als ihre weltliche Erscheinungsform, sie ist die Schutzheilige der materiellen und spirituellen Reinigung, eine Art übergeordnete Putzfrau. Das allabendliche Ritual nennt sich Ganga Aarti. Ich kaufe eines der kleinen Blumengebinde, in deren Mitte eine Kerze brennt. Es treibt flussabwärts, seiner langen Reise entgegen. Leise gleitet das Boot an den Scheiterhaufen vorbei. Ich blicke dem schwächer werdenden Schein nach. Touristenroutine. Der allgegenwärtige Geruch von brennendem Fleisch liegt über dem Ufer. Im Wasser treibt etwas Schwarzes. Als es neben mir ist, erkenne ich ein Paar Hufe aus dem Wasser ragen, nebst dem aufgeschwemmten Körper einer Kuh.

Am Dashashwamedh Ghat hat das Fest bereits begonnen. Menschenmassen auf den Ufertreppen, ebenso viele in den Booten davor. Die Zeremonie folgt einer strengen Choreografie. Religionsgelehrte, Pandits, stehen da, in safrangelben Gewändern, und blasen auf ausgehöhlten

Meeresschnecken. Die Töne werden von Lautsprechern verstärkt und dröhnen durch die Nacht, immer wieder unterbrochen von den ekstatischen Schreien der Gläubigen. Feuergefäße erhellen die Bühnen, die überdimensionalen Altären gleichen. Die Anbetung wird abwechselnd von zwei Priestergruppen durchgeführt. Die Pilger kommen von weit her, einmal im Leben muss jeder Hindu diesem Spektakel beiwohnen und sich einer rituellen Waschung im Ganges unterziehen. Die Boote liegen dicht an dicht, ein hölzerner Teppich auf der Wasseroberfläche. Blumenverkäufer springen von Kahn zu Kahn. Lange harre ich aus, trotz der Moskitoschwärme, die von drüben, von den Toten, kommen und in der beginnenden Nacht über die Lebenden herfallen. Die Magie des Rituals fasziniert mich. Der schwere Geruch von brennendem Sandelholz zieht sich bis hierher, der Geruch Varanasis, der Geruch von Leben und Tod.

Auf dem Dach des *Ganpati Guest House* wehre ich den nächsten Stechmückenüberfall ab.

»A bottle of water!«

In der heiligen Stadt ist der Genuss von Alkohol streng verboten. Der Kellner senkt die Stimme: »You need a beer, Sir!«

Die eiskalte, mit einem Lendenschürzchen umwickelte Dose landet auf dem Tisch – sie könnte auch profanes Soda sein, für den Fall des Falles.

»Especially for you!«

Die Erlösung kommt zur rechten Zeit. Die dritte Dose bringt mich ins Leben zurück, selten zuvor habe ich Bier so sehr genossen wie hier, am anderen Ende der Welt.

An der Grenze
Varanasi, 16. März

Trommeln und Schreie begleiten mich in den Schlaf. Tod und Verwesung wecken mich. Das Leben ist in vollem Gang. Kinder weinen, Affen rütteln an den Gittern des Balkons, der vor lauter Taubenkot unbetretbar ist, Tempelglocken schlagen an, aus den TV-Geräten plärren die Soaps, Hunde kläffen, die Motoren der Flusskähne tuckern und die Schreie der Totenträger hallen von den Mauern der Gassen. Varanasi schläft nicht, vielleicht aus Angst, nicht wieder zu erwachen.

Ich bleibe liegen. Ich muss meine Gedanken ordnen. Dann setze ich mich auf die Bettkante – einen Stuhl habe ich nicht – und arbeite. Die Reise setzt mir zu. Ich bin müde. Die Häufigkeit der Ortswechsel, die Organisation der Weiterfahrt, das stundenlange Schreiben. Was macht Indien mit mir? Der Überlebenskampf erschöpft mich. Die Hitze, die Nähe der Menschen, die Tiere, der Schmutz, das alles ist so ungewohnt. Nie zuvor hat mich eine Reise so berührt. Auch verspüre ich erstmals den Geruch der Gefahr.

Die Entscheidung, sich auf Indien einzulassen, ist eine endgültige. Und Varanasi, die fürchterlichste, dreckigste und heiligste aller indischen Städte ist noch einmal eine Kategorie für sich. Das Leben findet hier so intensiv statt wie nirgends. Sich all dem außerhalb der Six-Stars-and-more-Hotels zu stellen, braucht Mut. Zu Hause lebe ich in einer tabuisierten, künstlich sauber gehaltenen Welt, von der ich dachte, sie sei die wahre. Indien lädt zum Relativieren ein. Die hochgerüstete, zur Atommacht aufgestiegene Industrienation, Global Player in Sachen Technologie und Software, hat auch eine andere Seite – eine in Religiosität und mittelalterlicher Grausamkeit versinkende Gesellschaft.

Ich frühstücke, dann gehe ich am Gangesufer entlang. Ein Ghat folgt dem anderen. Es ist beileibe kein Spaziergang. Bettler, Kinder, Unberührbare, alle flehen um Almosen. Andere verkaufen Postkarten, Drogen, Massagen, Bootsfahrten. Ein Mann drängt sich an mich. In der Linken hält er ein Päckchen Rasierklingen, die Rechte umfasst meine Schulter. Er packt kräftig zu.

»Come in my shop!«

Er deutet auf ein Holzgestell, unter dem ein Kunde mit eingeseiften Wangen kauert. Seine Behandlung kann warten, eine westliche Backe ist das Zehnfache wert. Ich winde mich aus seiner Umklammerung und lande in der eines Physiotherapeuten. Er drückt und knetet, gleitet über meine Arme hinauf bis zur Schulter. Ihm zu entkommen, ist schwerer als dem Friseur, sein Griff ist härter. Tourguides und Yoga-Kurse sind leichter abzuwehren.

Ein Rudel wilder Hunde umringt mich. Ich zittere am ganzen Körper, versuche aber, ruhig zu bleiben. Vor mir liegt der Fluss wie ein breites, dunkles Band. Ich kann nicht erkennen, in welche Richtung er fließt, er scheint stillzustehen. Drüben, am anderen Ufer, liegt die Sandbank. Durch den Dunst kann ich deren Ende nicht erkennen. Vereinzelte Hütten stehen dort, Boote legen an,

Menschen steigen ins Wasser. Ein Fischerboot dümpelt vor sich hin. Fischen die hier allen Ernstes? Ist in dem Fluss überhaupt noch Leben? Ich denke an die kleinen Fischchen, die man bei uns zu Silvester über einer Flamme zum Schmelzen bringt. Bleigießen nennt man das. Bleifischen heißt es hier. Das Wasser besteht aus Pestiziden, Düngemitteln und Abwässern. Das Vorkommen von hochgiftigen Bakterien übertrifft den Grenzwert um das Dreitausendfache. Das alles ist für die Pilger kein Thema. Im Gegenteil. Für sie ist das Wasser reinigend, es besitzt Trinkwasserqualität. Die Wahrheit ist: Die Flüsse Indiens sind Kloaken. Das Leben in ihnen ist seit Langem tot.

Die Hunde lassen von mir ab. Ich rieche nach Verwesung. Sie waren nach dem Leben aus.

Ich gelange zum Harishchandra Ghat, dem zweiten dem Tod gewidmeten Ort. Hier brennen weniger Feuer. Auf einem der Stöße erkenne ich den Überrest einer menschlichen Ferse, deren Haut sich bereits vom Fleisch löst. Weiter vorne waschen ein paar Männer Bettzeug, das aus einem der Hotels stammt. Ob die Gäste wissen, auf welchen Laken sie heute Nacht liegen? Unmengen von Leintüchern und Überzügen liegen auf den Uferstufen. Wasserbüffel suhlen sich im Fluss, Buben plantschen und springen von Tier zu Tier. Und immer wieder Hunde. Kläffend fallen sie übereinander her. Es ist schwer, ihnen auszuweichen. Kühe, Büffel, Hunde, Bettler – ich bahne mir den Weg durch den Wahnsinn. Am Ende der Ghats, dort, wo sich das Flüsschen Asi mit dem Ganges vereint, endet das befestigte Ufer. Ich kehre um, ich bin kilometerweit gegangen.

Ein Mann erregt meine Aufmerksamkeit. Er dreht sich um seine eigene Achse wie ein Derwisch. Immer schneller werden die Pirouetten, immer wilder die Schreie. Dabei bewegt er sich keinen Millimeter von der Stelle. Seine Augen starren, als wollten sie die Welt in zwei Hälften teilen.

»You come in my house?«

Jemand packt mich und versucht, mich eine Treppe hinaufzuzerren, die senkrecht zum Himmel führt. An ihrem Ende sehe ich ein kleines Haus, das wie ein Schwalbennest an einer der Mauern klebt. »Tibetan Coffee House« steht über der Türe. Es sieht aus wie das Basislager einer Himalaya-Expedition. Ich lehne ab, ich bin nicht lebensmüde.

»Why?«

Ich versuche, meine Finger zwischen die Schraubstockfinger zu kriegen, die meinen Arm umfassen.

»Souvenir for your family, I have factory.«

Ich habe die Wahl zwischen wilden Hunden, einem rotierenden Wahnsinnigen und dem Eisengriff eines tibetanischen Souvenirfabrikanten.

Im tiefgekühlten Restaurant *Dolphin*, hoch über dem Man Mandir Ghat, erhole ich mich von meinem Ausflug. Ich finde, ich habe ein verbotenes Schlückchen verdient. Gibt's heute aber nicht. Ausverkauft. Also trinke ich handwarmes Wasser – hoffentlich nicht aus dem Fluss.

Gegen Abend zieht es mich wieder zum Weihrauchfest. Diesmal stehe ich am Ufer, unter Tausenden, und versinke in einer Mischung aus Rauch, Schreien, Trommeln und Mücken. Rückzug. Ich habe die Schnauze voll von Varanasi. Ich habe der Göttin Ganga geopfert, bin durch den Schlamm der Todesstätten gewatet, habe wilden Hunden getrotzt und die Nötigungen der Straßenhändler abgewehrt. Das reicht. Ich stelle den Wecker auf fünf. Ein paar Stunden noch. Ich kann es kaum erwarten, dem Tod von der Schaufel zu springen.

Kleines Reisebrevier
Varanasi – Kolkata, 17. März

Mitten in der Nacht klopft es an meine Türe.

»Tuk-Tuk, Sir!«

Unten steht das Scherengitter bereits offen, ein düsterer Geselle erwartet mich. Ich schultere meinen Rucksack und verlasse das Schreckenshaus. Mr. »Puja Guest House on Elm Street«, Freddy Krueger, schließt das Gitter und torkelt verschlafen zur Rezeption zurück. Wer glaubt, dass um diese Tageszeit nichts los ist, irrt. Heerscharen von Menschen schlurfen an mir vorbei, die meisten barfuß. Bei meinem Anblick schlingen sie ihre Tücher um sich, manche verschwinden in den Hauseingängen. Hunde knurren, Kühe schütteln ihre Schädel und versperren den Weg. Eine klatscht ihren Fladen so dicht vor mich hin, dass ich zur Seite springen muss. Feuer glimmen an Hausecken, Rauch umhüllt die Stadt. Gassen und Durchgänge sind ein Labyrinth der Erbärmlichkeit. Irgendwo wartet das Tuk-Tuk. Ich nehme Platz und verlasse Varanasi. Im 6. Jahrhundert vor Christus wird es hier nicht anders ausgesehen haben.

Nach über einer Stunde Fahrt erreichen wir den Lal Bahadur Shastri Airport in Babatpur. Die unpersönliche, aber saubere Halle zu betreten, empfinde ich als Erleichterung, Tiere sind hier nicht zugelassen. Heute breche ich zur letzten Station auf. Da es von hier aus keine Direktverbindung gibt, muss ich zurück nach Delhi, um von

205

dort aus nach Kolkata zu reisen – das sind immerhin fünfzehnhundert Kilometer. Sie werden mit dem Flieger zurückgelegt, ich bin oft genug mit dem Zug unterwegs gewesen.

Mein Bericht wäre unvollständig, würde ich nicht auch einen kleinen kulturhygienischen Einblick in meinen Reisealltag gewähren, ich plaudere also ein bisschen aus dem Nähkästchen.

- Das Erste, womit der Indien-Reisende konfrontiert wird, sind Bankomaten, jene Zauberschränkchen, die das für den Traveller Wichtigste bereithalten: Bares. Nach vielen vergeblichen Versuchen kam mir ein Zufall zu Hilfe: Man muss die Karte, unmittelbar nachdem sie registriert wurde und noch bevor man den Geheimcode eintippt, entfernen. Das steht zwar in verschwurbeltem Englisch im Kleingedruckten, man achtet aber nicht darauf. Manchmal haben die Maschinen nicht genügend Geld geladen, oft sind sie außer Betrieb oder die Mastercard funktioniert nicht. Geduld. Irgendwann klappt's. Es empfiehlt sich, die Scheine sofort in der Bauchtasche verschwinden zu lassen, man wird garantiert beobachtet. Bei einem Automaten am Airport in New Delhi ist es mir auch nach vielen Versuchen nicht gelungen, Geld zu beheben. Ein netter Herr hat mich auf den Fehler aufmerksam gemacht: Das Geld kommt, aber es kommt sehr viel später, als man es gewohnt ist. Am Bildschirm wird auf die ungewohnt lange Wartezeit nicht hingewiesen.
- Der Straßenverkehr schockiert. Regel ist, dass es keine Regel gibt. Auch unter den Augen des Gesetzes machen

die Verkehrsteilnehmer, was sie wollen. Panta rhei, alles fließt. Busse haben Folgetonhörner. Sirenen, Hupen, Klingeln, Schreie, irgendwann stumpft man dagegen ab. Alles ist laut, hektisch und in Bewegung – nichts für disziplinierte Mitteleuropäer. Sogar das Überqueren der Fahrbahn wird irgendwann gelingen. Es empfiehlt sich, einfach draufloszugehen, die anderen weichen (vermutlich) aus. Kühe, Ziegen und Hunde sind davon ausgenommen. Aber keine Sorge, man kommt über die Straße, mit ein bisschen Courage klappt es. Empfehlenswert ist es, sich einem Pulk anzuschließen (Poleposition vermeiden). Verkehrsampeln, Zebrastreifen, Gehsteige, das alles gibt es, aber es bringt nichts, da sich niemand daran hält.

- Das öffentliche Verkehrsnetz ist erstaunlich gut erschlossen, in der Regel wird der Fahrplan der Öffis auch eingehalten. Oft allerdings wird die Abfahrtszeit nach vorne verschoben, das kann überraschende Folgen haben.

- Speziell zu Beginn der Reise habe ich mit meinem eigenen Löffel gegessen. Später, als sich mein Körper an die mangelnde Hygiene gewöhnt hat, bin ich dazu übergegangen, mit der Hand zu essen. Gläser benutzt man besser nicht. In der Regel verträgt man alles, was gekocht oder gebraten ist. Obst isst man geschält, Salat und Gemüse nie roh. Ein leichter Anfall von Diarrhoe hat mich dennoch erwischt, irgendwas ist immer dabei, was man nicht verträgt. Beim Öffnen von Wasserflaschen immer auf das charakteristische Zisch-Geräusch achten!

- Menschen und Tiere benutzen die Straßen gleichberechtigt. Man gewöhnt sich daran. Der Unterschied ist: Eine Kuh hat immer Vorrang. Sie ist heilig, also gebührt ihr Respekt. Die anderen Tiere werden nicht weiter beachtet, dementsprechend aggressiv ist ihr Verhalten.
- Woran man sich mit der Zeit gewöhnt, ist der Schmutz, obwohl ich nirgendwo auf der Welt so viele Menschen gesehen habe, die unentwegt damit beschäftigt sind, zu kehren und zu beseln. Der Unrat aber wird mehr verteilt als entsorgt. Der allgegenwärtige Dreck steht im Gegensatz zur peniblen Körperpflege der Menschen. Im nächsten Moment allerdings waten alle wieder im Straßendreck – bis sie der nächste Sauberkeitsanfall einholt.
- Fotografieren darf man alles und jeden (außer die Verbrennungsrituale in Varanasi). In der Regel heißt es fragen. Meist genügt auch ein kleiner Obolus und alles ist gut. Faustregel: Je besser der Zoom, desto eher kommt man zu Schnappschüssen.
- Im Umgang mit Menschen gibt es einen sicheren Eisbrecher – das Lächeln. In neunundneunzig von hundert Fällen bekommt man als Antwort ein Lächeln zurück. Menschen verstehen einander auf eine sehr einfache Art.
- Hotelkategorien sind mit unserem Standard nicht zu vergleichen. Allerdings fehlt mir die Erfahrung im höheren Preissegment. Mein selbstgewähltes Limit endet bei zwanzig Euro pro Nacht, meist war es ein vielfach geringerer Preis. Da ich möglichst ›authen-

tisch‹ gereist bin, war mein Vorsatz: Je günstiger, desto lieber. Nur so kommt man in Kontakt mit Menschen.

- Ich habe allen Verlockungen widerstanden: Getönte Scheiben, Hotelsuiten, Luxuszüge. Ich bin mit Rucksack getravelt. Die Begegnungen, die ich erleben durfte, waren mir wertvoller als eine warme Dusche oder ein Chauffeur. Jedes Bahnticket, jedes Tuk-Tuk, jede billige Zwei-Sterne-Absteige, ich habe alles selbst organisiert. Dennoch hatte ich nie Angst. Zwar musste ich manch brenzlige Situation überstehen, letztlich aber habe ich überlebt – gut und sicher und mit einem Lächeln im Gesicht.

Das Boarding für Flug 9W091 nach Kolkata, Gate 37B, ist geöffnet, die Maschine steht bereit. Wie immer nehme ich am Gang Platz. Ich schließe die Augen. Zwei Stunden später erwache ich aus traumlosem Schlaf: Kolkata, Westbengalen – die zehnte und letzte Station meiner Reise.

Sein oder Nichtsein
Kolkata, 18. März

> Kalkutta liegt am Ganges,
> Paris liegt an der Seine,
> Und dass ich so verliebt bin,
> Das liegt an Madeleine …

Bis auf die erste Zeile mag das stimmen. Kalkutta allerdings liegt entgegen der Behauptung des singenden »Capri-Fischers« Vico Torriani keineswegs am Ganges. Hugli heißt der Fluss, der die Stadt in zwei Hälften teilt. Opa Vico hätte es wissen müssen. Wahrscheinlich waren die Verse dem Diktat »Reim dich oder stirb« unterworfen, Madeleine möge verzeihen. Und noch etwas ist unrichtig, was in den Sechzigern korrekt war: Kalkutta heißt keineswegs mehr Kalkutta, längst wurde es ins bengalische Kolkata umbenannt.

Allein die Fahrt vom Flughafen in die Innenstadt ist der größtmögliche Kontrast zu Mumbai oder Delhi. Die Straßen sind gut, der Verkehr fließt (ich bin zur abendlichen Rushhour unterwegs), die LEDs der Lichtmasten tauchen die Straßen in futuristisches Blau und – keine einzige Kuh ist unterwegs. Der Airport liegt im Stadtteil Dum Dum. Hier lag eines der vielen britischen Waffenlager. Geschoßspitzen wurden kreuzförmig eingekerbt, um eine größere Trefferwirkung zu erzielen. Es ist gelungen. Und noch etwas ist gelungen: Die Engländer haben es geschafft, dass der Name des Ortes, der inzwischen zur Agglomeration Kolkatas gehört, für alle Zeiten negativ belastet ist. Es wäre ein Leichtes, auch ihn umzubenennen, aber offensichtlich stört das hier niemanden.

Am nächsten Tag gilt mein erster Erkundungsspaziergang dem Maidan, einem riesigen Park in der Nähe meines Hotels. In vielen indischen Städten wird eine Grünfläche, die sowohl für militärische Übungen wie auch für Sport genutzt wird, so benannt. Mumbai hat einen Maidan, warum nicht auch Kolkata? Hier steht neben dem imposanten Victoria Memorial, Zeugnis britischer Kolonialmacht und Verehrungsstätte Queen Victorias (im Nebenjob: Kaiserin von Indien), ein erstaunlicher Komplex, das Cultural Center, eine Gruppe von Gebäuden im Siebziger-Style, gewagt und misslungen, von der Bevölkerung aber angenommen. Ich bin gegen fünf Uhr abends hier. Das Gelände ist übersät von Menschen. Konzerthalle, Kino, Theater, Galerien, alles bunt beleuchtet, wir sind in Indien. Jeder Saal ist voll besetzt. Ich kaufe mir eine Karte für ein zeitgenössisches Theaterstück: *I am Hamlet* von Richard James. Ein junger indischer Autor wäre mir lieber gewesen. Der Ticketschalter sieht aus wie ein Häuschen in Anderswelt. Das Fenster mit dem vergitterten Rundloch befindet sich auf Kniehöhe. Gut so. Vor der Kunst soll man ruhig ein bisschen den Rücken krümmen. Da ich noch Zeit habe, sehe ich mich in der nebenan liegenden Galerie um. Endlich erlebe ich Zeitgenössisches: Arbeiten von Künstlern, die ihren Kommentar zum »social way of life« zeigen. Women's Power, Konzeptkunst, Contemporary Art. Die meisten Arbeiten sind West-Plagiate, nur wenige erzählen von der Stellung der Frau in der indischen Gesellschaft, von Unfreiheit und Repression. In ihnen erlebe ich künstlerisch verfremdet, was mir seit Wochen begegnet: Außerhalb des häuslichen Herdes sind Frauen praktisch nicht existent. In Hotels, Restaurants, Geschäften, im öffentlichen Dienst – überall arbeiten Männer. Einzig Bettlerinnen, Straßenkehrerinnen und Marktfrauen prägen das Bild. Frauen werden nach wie vor hinter Haremsmauern versteckt. Seit dem Bau des Palasts der Winde hat sich nicht viel geändert. Weibliche Wesen sind Menschen zweiter Klasse. Die Ehefrau ist nach den Gesetzen der hinduistischen Religionslehre »abhängig« vom Mann, selbstständiges Handeln ist ihr verwehrt – sie ist Tochter, Frau und Witwe. Erst seit Kurzem kämpfen die Frauen Indiens um ihre gesellschaftliche Stellung, nicht zuletzt aufgrund westlichen Einflusses.

Das Straßenbild ist geprägt von Anzügen (Männern) und traditionellen Saris (Frauen). Allein das zeigt die soziale Hackordnung. Frauen laufen an der Leine ihrer Männer der Gegenwart hinterher. Außerhalb der Großstädte besuchen die Söhne Schulen, die Töchter belegen deren Pausenbrote. Häusliche Gewalt an Frauen ist die Regel. Wohl existiert eine Beschäftigungsquote, gleiches Recht bei Scheidung und Erbschaft, Abschaffung von Mitgift und das Verbot von Kinderehen, aber alle Gesetzestexte können nicht darüber hinwegtäuschen, dass es noch lange dauern wird, bis Frauen die gleichen Rechte haben wie Männer. Von all dem erzählen die Arbeiten der ausgestellten KünstlerInnen in der Gallery of Modern Arts.

Viertel vor sechs. Ich begebe mich zum Auditorium. Eine halbe Stunde später werden die Türen des tiefgekühlten Theatersaals geöffnet. Eiswolken vermengen sich mit der abendlichen Schwüle. Freie Platzwahl. Alles stürzt in den Kühlschrank. Ich ergattere einen Eckplatz. Nach einigen Minuten zeigen sich erste Erfrierungssymptome. Punkt achtzehn Uhr dreiundzwanzig öffnet sich der Vorhang. Der Besucherstrom reißt immer noch nicht ab, im Saal ist mehr Leben als auf der Bühne. Sein oder Nichtsein. Eine Dreiviertelstunde später nimmt der letzte Zuseher Platz. Kurz darauf ist die Vorstellung zu Ende, es ist ein kurzes Stück.

Der Applaus verebbt, bevor noch der »Lappen« zu ist. Das Licht im Zuschauerraum geht an, das Publikum bleibt brav auf seinen Plätzen. Wieder öffnet sich der Vorhang und dem Hauptdarsteller wird ein Preis übergeben, samt Blumen und Urkunde. Ich verstehe Bahnhof, dennoch errate ich, was gesprochen wird. Die Sprache der Eitelkeit ist international. Der Darsteller der Nebenrolle erinnert mich an meinen ehemaligen Partner Heribert Sasse – augenrollend geht er bei der Preisverleihung leer aus. Dann ist auch das zu Ende und ich rette mich hinaus in die Hitze der Nacht. Im großen Konzertsaal ziehe ich mir noch ein Sitar-Konzert rein, bis ich auch hier am Stuhl festfriere. Am Heimweg dann noch ein Nachschlag: In einem prächtig ausgeleuchteten Park werden Tänze vorgeführt: »Saiten zupfen« und »Kostüme bewegen« – ein paar Häppchen Tradition muss sein.

Für heute habe ich genug Kultur getankt. In den Straßen rund um mein Hotel ist ordentlich was los, auch bei

Nacht. Aus der Cathedral Road kommend biege ich um die Ecke, schräg gegenüber steht der hohe Kasten. Ein Straßenschild sticht mir ins Auge: »Shakespeare Sarani« (Shakespeare Boulevard). Womit endgültig bewiesen ist, dass Theater oft nur einen Steinwurf vom wirklichen Leben entfernt ist.

Von Menschenrechten und Straßenbahnen
Kolkata, 19. März

Natürlich bleibe ich nicht lange alleine. Kopfnicken. Ich hätte es auch nicht anders erwartet. Ein Kopfnicken bedeutet »Where are you from?« (wer will bei der Hitze schon unnötig Energie verschwenden). Ich gehe die Mirza Ghalib Street entlang, mit Ziel New Market, wo ich ein paar Souvenirs shoppen will. Dieser Programmpunkt bildet traditionell den Abschluss meiner Reisen. Da ich mit Rucksack unterwegs bin, macht sich jeder zusätzliche Ballast bemerkbar. Für die letzten Meter zum Flugzeug soll es mir aber recht sein.

Kopfnicken. Ich reagiere nicht. Nach fünf Wochen kann ich »From Austria« auch schon nicht mehr hören, deshalb, und um meinerseits Energie zu sparen, sage ich ein knappes: »Kolkata.« Der Typ überhört die Antwort, in neunundneunzig von hundert Fällen ist meine Herkunft ohnehin nicht von Belang. Wichtig ist, ins Gespräch zu kommen, und dafür ist ein Kopfnicken ein ausreichender Opener. Ziel wäre eine kleine Stadtführung, inklusive Besuch einer Paschminafabrik (selbstverständlich ohne Kaufverpflichtung). So weit das immer gleiche Ritual, das man zu Anfang der Reise gerne mitspielt, weil man in neunundneunzig von hundert Fällen an interkulturelles Interesse glaubt. Schmecks. Anmache bleibt Anmache. In der Hauptsache sind es Schlepper, die auf Provision arbeiten. Dagegen ist auch weiter nichts zu sagen, was nervt, ist die Phantasielosigkeit des immer gleichen Schemas.

Ich erfahre, dass mein heutiger Begleiter aus Varanasi stammt, dass er hier in Kolkata auf Jobsuche ist, dass er Europa für ein »beautiful country« hält und dass ihm mein Tattoo gefällt. Schließlich die Frage aller Fragen: Was würde ich denn gerne shoppen wollen? Vielleicht ein paar hübsche Paschminas? Er wüsste da einen günstigen Ab-Fabrik-Verkauf. Inzwischen bin ich am New Market angelangt.

»New Market!«, ruft der Paschmina-Experte. »Here we are! New Market!«

Ich blicke ihn an.

»New Market!«

Wenn er das jetzt noch einmal sagt, kracht die Ader.

»New Market!«

Er deutet auf das rot-weiße Gebäude. Ich merke, wie mein Hals schwillt. Der Markt ist übrigens alles andere als neu. 1874 wurde er eröffnet und riecht seit damals gleich: Kolonialismus und Naphthalin, eine Mischung, die sich nicht so leicht weglüften lässt.

»New Market!«

Ich würge und setze mich in entgegengesetzter Richtung in Bewegung. Damit hat er nicht gerechnet. An der nächsten Ecke habe ich ihn abgeschüttelt. Der Markt besitzt nicht nur einen Eingang. Ich betrete das Gebäude an der Nebenfront, lande in der Paschmina-Abteilung und – in den Armen meines Freundes. Er kennt die Vorlieben der Touristen.

»Paschmina?«

Ich nicke und gehe an endlosen Ballen bunter Stoffe vorbei.

»Paschmina!«

Die Schleife ist angeworfen. Ich bin entschlossen, mir den Vormittag dennoch hübsch zu machen, und bleibe vor einem Schmuckgeschäft stehen.

»Jewels!«

Diesmal ist es eine alte, knarzende Stimme. Ein Weißbärtiger hat sich uns angeschlossen. Die beiden verhandeln, ich nehme an, es geht um die Exklusivrechte an mir. Das Wortgefecht nutze ich aus und lande bei einem Stand mit Plüschbären. Verborgen hinter einem der mannshohen Ungeheuer erkundige ich mich, natürlich, um Zeit zu gewinnen, nach deren Preis. Ab jetzt habe ich den Dritten am Hals. Stoffen und Juwelen bin ich entkommen, nun bin ich unter der Knute von Kuscheltieren. Kopfnicken. Er schießt aus der Hüfte. Zurück zum Start. Ich laufe den Gang entlang, hinter mir der Plüschbär, biege um die Ecke und stehe vor den anderen beiden. Die Finten der Touristen sind leicht zu durchschauen. Zeit für Klartext. Ich halte in guter alter imperialistischer Manier ein Plädoyer für die Freiheit des Menschen im Allgemeinen, für das der Touristen im Besonderen, inkludierend das internationale Völkerrecht, das besagt, dass jedem Menschen, gleich welcher Herkunft, Rasse, Geschlecht, Sprache oder Religion, dieselben Grundrechte und -freiheiten zustehen, ich also shoppen darf, wonach es mich gelüstet, unter Inanspruchnahme rechtlichen Beistandes bei Zuwiderhandeln Dritter. Somit wäre das geklärt. Das Problem ist, dass mich die drei nicht verstehen und mir inzwischen die Lust an Souvenirs verloren gegangen ist. Flucht. Der New Market sieht mich, wenn überhaupt, erst morgen wieder.

In einem Sechs-Achser erhole ich mich von der Mittagshitze. Auf der Esplanade, dem angesagten Innenstadt-Treffpunkt steinalter Kolonialbeamtenwitwen, erwarten mich »Einrichtungs-Triebwägen« der CTC (Calcutta Tramways Company), die seit den frühen Tagen des 20. Jahrhunderts nicht mehr überholt wurden, außer von der Zeit. Kolkata war die erste indische Stadt, die eine Straßenbahn besaß. Es sollte die einzige bleiben. In alten Tagen wurde sie von Pferden gezogen, später von Dampfmaschinen, bis sie zur »Elektrischen« aufgebrezelt wurde. Ein Muss für alle, deren kindlicher Berufswunsch Straßenbahnschaffner war, wenn nicht gar Kondukteur. Es hat sich nicht ergeben, ich bin an der Bühnenrampe hängen geblieben. Aber wenn man diese arg rumpeligen Reptilien schon mal vor der Nase hat …

Ich erkundige mich nach dem Fahrziel. Der Schaffner, bewaffnet mit Umhängetasche und Kartenzwacker (ganz wie es sich gehört), wackelt mit dem Kopf. Ich sage, dass ich genau dorthin möchte, dass ich dann aber auf schnellstem Weg wieder hierher zurück muss. Er reicht mir eine Fahrkarte, ich ihm fünf Rupien, und das ist so wenig, dass es nicht umzurechnen ist. Dann stanzt er ein sternförmiges Loch ins Scheinchen, das einem Spielzeug-Set für angehende Schaffner entnommen sein könnte (so eines lag mal unter meinem Christbaum), zieht an einer Lederleine, es klingelt und los geht's. Himmlisch! Weshalb man in einer derart wirbeligen Stadt einen solch verkehrsbehindernden Anachronismus am Leben erhält, weiß ich nicht, für mich aber ist es Vergnügen pur. Die Linie 57, von der Wiener Weiglgasse bis zum Burgring, ist eine meiner frühesten Kindheitserinnerungen, das Duften frisch geölter Tramwaybodenbretter inklusive. Hier sitze ich, in fremden Welten, schwelge in alten Bildern, werde gehörig durchgerüttelt und jauchze vor Vergnügen.

Die Fahrt geht in Richtung Norden. Auf der Strecke gibt es nur eine einzige Schikane, eine Linkskurve, die wir in Schräglage bewältigen. In einem Rinnsal plantschen Kinder. Hupen, Autos, Rikschas, für die Bim ist kaum ein Durchkommen. Die Fahrt bis zur Endstelle beträgt eine knappe Stunde. Die College Street, so der Name der endlosen Straße, ist, man staune, ein einziger Buchladen. Hunderte Stände, nach Stichworten beschriftet: wissenschaftliche Werke, Belletristik, Comics, was immer das Herz begehrt. Es mutet seltsam an, in dieser archaischen Welt ein solches Überangebot an Büchern zu sehen. Der Grund: In der Gegend stehen die vier größten Universitäten Kolkatas, und die Buden sind Indiens liebenswerteste und größte Bücherschwemme. Boi Para heißt sie, die Stadt des Buches. Ein Paradies für Leseratten. Von Tagore bis Grisham, von Dickens bis zur Enzyklopädie über den Aufbau des Mittelohrs, hier gibt's nichts, was es nicht gibt. Daneben waschen sich halbnackte Männer am Wasserstrahl eines Hydranten, Familien essen und plaudern, ein Mann erleichtert sich und steigt in die Straßenbahn. Kolkata ist ein Dorf, durch das gerade ein manisch Reisender unterwegs ist, einer, der nicht genug kriegt von Berichten und Befunden, einer, der in einer blauen Straßenbahn hockt und durch eine bizarre Wunderwelt holpert. Nur eines fehlt zur indischen Glückseligkeit – die Kuh. Man hat sie aus bestimmten Straßenzügen verbannt, die Straßen platzen auch ohne sie aus allen Nähten.

An der Endstelle wechsle ich die Bahn und bezahle erneut fünf Rupien. Diesmal sitze ich hinter dem Fahrer. Er kurbelt an einem dieser großen Eisendinger. Gebremst wird hydraulisch. Stationen gibt es keine. Wenn jemand zusteigen will, verlangsamt die Liliputbahn ihre Fahrt, Gäste springen auf wie eine Affenherde und weiter geht's, wie es der Verkehr eben zulässt, also meist nur ein paar Meter.

Den Abend verbringe ich im Rabindranath Tagore Center in der Ho Chi Minh Sarani, einem mit öffentlichen Geldern gestützten Kulturzentrum. Galerien, Musik, Theater, Workshops, das Angebot ist auch hier vielfältig. Ich esse, was auf den Tisch kommt: ein Theaterstück in Urdu, eine Sprache, die als die der Literaten und Künstler gilt und hauptsächlich von der muslimischen Bevölkerung Indiens gesprochen wird. Das Institut ist nach dem Nobelpreisträger benannt: Tagore war Schriftsteller, Poet, Philosoph, Lehrer, Musiker und in späten Jahren Maler. Er galt als einer der herausragendsten Künstler Indiens, weltweit anerkannt und geehrt. Der Meister beließ es aber nicht bloß bei den schönen Künsten, seinen Visionen ließ er Taten folgen: Er förderte die ländliche Region mit Genossenschaften, Schulen, Krankenhäusern und Straßen. Sogar die Gründung von Banken befand sich auf seiner To-do-Liste. Konträr dazu sein Privatleben: Obwohl strenger Kritiker sozialer Missstände, handelte er doch innerhalb der eigenen vier Wände anders. Seine Frau war bei ihrer Hochzeit zehn Jahre alt, und die Töchter verheiratete er im Alter von zwölf und vierzehn Jahren. Dessen ungeachtet war er ein gefeierter Staatskünstler, in Indien kein Widerspruch. Die Landeshymne, die laut einer Verordnung aus dem Jahre 2016 in allen Kinos vor dem Hauptfilm in Dolby Surround gespielt werden muss (die Zuseher haben sich dabei von ihren Plätzen zu erheben), stammt aus seiner Feder – eine männliche Paula von Preradović.

Der Meister kann sich nicht gegen die Aufführung wehren, die ich in seinem Namen ertrage. Auf der Bühne findet eine schöne Auswahl darstellerischer No-Gos statt: Standbein, Spielbein, das Ignorieren des Partners, starrer Blick in Richtung Galerie, falsche Töne und, die schlimmste aller Sünden, die »Stumme Jule«, das nonverbale Kommentieren dessen, was gerade gesagt wird. Erstaunen, Erschrecken, Verdacht, Belustigung, Trauer, all das wird mit Mundwinkeln, vor allem mit den Augenbrauen nachvollzogen. Da der Bühnenpartner in der Regel den Text des Gegners kennt, reagiert er oft vor der Zeit, was besonders grotesk wirkt. Die Schwarten krachen. Verärgert schlafe ich ein und träume von – Menschenrechten und Straßenbahnen, absurd, aber so ist das Leben. So manches Mal verspinnen sich Fäden, die, wenn überhaupt, bestenfalls im Schlaf zu entwirren sind.

Der letzte Weg
Kolkata, 20. März

Ich stehe vor ihrem Grabmal. Weißer Marmor, eine schlichte Inschrift, eine Kerze, ein verblühter Blumenkranz, das ist alles, was an sie erinnert: Anjezë Gonxha Bojaxhiu. Die kleine Frau wuchs in Skopje, Mazedonien, auf und legte eine der erstaunlichsten Karrieren des 20. Jahrhunderts hin. Sechs Jahre nach ihrem Tod wurde sie seliggesprochen, und, noch erstaunlicher, dreizehn Jahre danach, heilig. Laut Statuten der katholischen Kirche mussten für die im Eilverfahren durchgeführte Selig- und Heiligsprechung Wunder her. Man trieb welche auf, zweifelhaft sind beide. Die Heilung des Tumors im Magen einer Frau genügte Johannes Paul II. für die Seligsprechung. Ärzte, die sich mit dem Fall beschäftigten, kamen zu einem anderen Ergebnis: Die Frau litt an einer Unterleibszyste, die erfolgreich medikamentös behandelt wurde. Für das zweite Wunder mussten die päpstlichen Späher bis nach Brasilien fliegen. Sie fanden einen Mann, der gleich an mehreren Gehirntumoren litt, und legten ihm das Bild Mutter Teresas auf die Brust. Kurz darauf war er von seinen Leiden befreit. Die Kirche stufte dies als Wunder ein und Papst Franziskus hatte, was er wollte. Sein Pontifikat stand von Anfang an unter dem Begriff »Barmherzigkeit«. Mutter Teresa, die weltberühmte Ordensschwester, der »Engel der Armen«, passte wie keine andere in das Szenario.

Kurz vor der Unabhängigkeit Indiens im Jahre 1947 suchte die junge Schwester Teresa um die Erlaubnis an, die Klausur der Loretoschwestern zu verlassen. Ihrem Wunsch wurde stattgegeben, sie nahm die indische Staatsbürgerschaft an, gründete die Gemeinschaft der »Missionarinnen der Nächstenliebe« und begann, sich um Sterbende, Waisen und Leprakranke zu kümmern. Diese Menschen hatten bis dato keine Lobby. Teresa schuf ihnen eine. Heute gibt es in hundertdreiunddreißig Ländern über siebenhundert Häuser, in denen die Ärmsten der Armen betreut werden. Für Frau Bojaxhiu hagelte es weltweit Würdigungspreise, darunter den Friedensnobelpreis.

Trotz der Verehrung, die man ihr entgegenbrachte, gab es immer auch kritische Stimmen. Die kompromisslose Ablehnung der Abtreibung wurde ihr ebenso vorgeworfen wie das Versagen medizinischen Beistandes für Sterbenskranke. Ihrer Meinung nach brachte gerade das Leiden die Todgeweihten ihrer Erlösung näher. Auch das überaus einträgliche Spendengeschäft soll nicht nur den Bedürftigen zugutegekommen sein. Millionen Dollar flossen in die Expansion des Ordens. Ob auch der Vatikan davon profitierte, ist bis heute nicht bewiesen, es darf aber vermutet werden. Die kleine Frau war weder phantasielos noch zimperlich, sie nahm, wo sie bekommen konnte. Unter ihren Sponsoren waren Leute wie Jean-Claude Duvalier, der Diktator von Haiti, sowie der verurteilte Finanzjongleur Charles Keating. Diese Tatsache steht in krassem Widerspruch zu ihren unzweifelhaften Verdiensten um die Armen. Bis heute aber wird am Bild der Heiligen gemalt. Weshalb? Es braucht Vorbilder im Barmherzigkeitsgeschäft.

Eine Ordensschwester betritt den verdunkelten Raum, verneigt sich vor dem Bild der Verehrungswürdigen und platziert zwei Wasserflaschen am Kopfende des Sarkophags. »I thirst« steht neben dem Kruzifix, das an der Wand hängt. »I thirst« war einer jener Aussprüche, für den Mutter Teresa weltberühmt wurde. Gemeint war die Sehnsucht nach Gottes Liebe, an der sie immer wieder zweifelte. Gegen die allzu weltliche Interpretation ihrer Worte kann sie sich heute, über zwanzig Jahre nach ihrem Tod, nicht mehr wehren. Und auch Kolkata konnte sich bis heute nicht wehren: Mutter Teresa hat der Stadt ein verheerendes Image verpasst. Durch ihre humanitäre Arbeit für die Ärmsten wurde Kolkata selbst zum Armenhaus gestempelt. Dabei ist das Gegenteil der Fall. Die Stadtväter bauen verbissen am schönen Schein einer kunstsinnig prosperierenden, für indische Verhältnisse sauberen Stadt. Teilweise ist das auch gelungen, zumindest in der »first row«. Zwei Gassen hinter den Hauptstraßen liegt das düstere, schmutzige Kolkata, die Stadt hinter der Stadt. Hier stehen die Slums, in denen Mutter Teresa zu Hause war. Hier erfüllt sich jedes Klischee.

Durch die Lenin Sarani gehe ich zum New Market zurück. Kolkata wird seine Vergangenheit nicht los: Über dreißig Jahre lang regierte in Westbengalen die kommunistische Partei. In der großen Markthalle finde ich auch heute wieder vor allem eines – treue Begleiter. Augenblicklich heften sie sich an meine Fersen. Die Häscher sind den Shop-Betreibern mindestens so lästig wie den

Touris. Aber da ihr Job nicht verboten ist, wird man sie nur schwer los. Diesmal setze ich mich durch und kaufe zwei schöne Paschminas, draußen vor der Halle noch ein paar weitere Kleinigkeiten.

Für heute habe ich mir ein letztes, allerletztes Ziel vorgenommen: die Howrah Bridge, eines der Wahrzeichen der Stadt. Das Ungetüm ist über achtzig Meter hoch, siebenhundert Meter lang und verbindet den westlichen Stadtteil mit der Innenstadt Kolkatas, wobei das Wort »Stadt« bei einer Gesamtfläche von gut zweihundert Quadratkilometern und vierzehn Millionen Einwohnern unpassend ist: Kein Mensch weiß, wo sie beginnt, niemand weiß, wo sie endet. Die Brücke überspannt den Fluss Hugli, der derart verschlammt ist, dass den Hochseeschiffen die Passage versperrt ist. Kolkata ist das Hafengeschäft los. Für Techniker unter den Lesern: Bei der Howrah Bridge handelt es sich um eine Auslegerbrücke, die von zwei mächtigen, am Ufer stehenden Pfeilern getragen wird. Straßen und Gehwege führen getrennt über den Fluss, pro Tag muss die Brücke mehr als hundertzwanzigtausend Fahrzeuge sowie eine halbe Million Menschen ertragen. Zugelassen sind nur Taxis, Kleinbusse und Leichtfahrzeuge, fette Trucks müssen großräumig ausweichen. Ich will gar nicht wissen, weshalb. Eine Fähre bringt mich zum gegenüberliegenden Ufer, anschließend gehe ich vom Bezirk Howrah über die Brücke nach Kolkata zurück.

Hier, zwischen diesen Gestaden, endet meine Reise. Zu meiner Rechten liegt ein roter Ball auf der Wasseroberfläche. Es dunkelt. Menschen hasten an mir vorbei, viele mit

Lasten auf dem Kopf. Lange stehe ich da und sehe der Nacht entgegen, meiner letzten auf dieser Reise. Man sagt, dass die Howrah Bridge ein Geheimnis in sich birgt: Jeder, der sie überquert, muss wiederkommen, um den Weg zurückzugehen. Dies ist das Ende meiner Reise. Ich werde wiederkommen. Ich gehe zurück nach Howrah. Von dort aus werde ich nach Süden reisen. Über Odisha nach Andhra Pradesh, Puducherry, Tamil Nadu, bis ins sagenhafte Kerala. Wer weiß, vielleicht bin ich dann nicht alleine unterwegs. Vielleicht bist du ja bei mir. Dann möchte ich dir all das Schöne zeigen, das dieses Land ausmacht. Und natürlich wirst du auch das Hässliche sehen. Denn man muss beides erleben.

Die Sonne legt einen dunkelroten Schimmer über die Welt. Ich tauche ein in den Abendverkehr Kolkatas. Millionen Menschen auf den Straßen. Ich bin einer von ihnen. Manche von ihnen haben mir ihre Geheimnisse anvertraut, ihre Märchen und die wundersamen Geschichten der Moguln. Mein Herz schlägt bis zum Hals. Ich kann es kaum erwarten, zurückzukehren, um meinen Weg zu Ende zu gehen.

Namaste!

Schottis Indien-Tops

- Street-Food-Paradies hinter dem Chhatrapati Shivaji Terminus in Mumbai
- Jain-Tempel in der Altstadt von Jaisalmer
- Reichlich scharfes Tandoori Masala Chicken Curry am Roof-Top eines Restaurants in der Abenddämmerung am Pichola-See, Udaipur
- Der Taj Mahal im Morgennebel, Agra
- Flug mit Flying Fox über die Blaue Stadt Jodhpur
- Sonnenuntergang auf einer Düne in der Wüste Thar (jenseits gängiger Touristen-Routen)
- Fahrt in der Sleeper-Class der Indian Railways – Ziel … egal!
- Die Pink City und der Palast der Winde in Jaipur
- Bollywood-Schinken im voll besetzten *Regal Cinema* am Colaba Causeway, Mumbai
- Tuk-Tuk-Fahrt in der Morgendämmerung durch Bikaner: Die Stadt gehört um diese Zeit den Tieren.

Schottis Indien-Flops

- Du brauchst Bargeld und auch der (gefühlt) hundertste Bankomat streikt.
- Verkeilt zu sein in der Menschenmenge eines Fetzen-Basars in Old Delhi
- Die wilden Hunde von Varanasi
- Burning Bodies am Gangesufer
- Häscher und Hotellotsen im Stadtteil Paharganj, New Delhi
- Der Rattentempel von Deshnok
- Einkaufsbummel im New Market von Kolkata
- Die Schreckensfahrt im Bus quer durch Rajasthan
- Achtung vor roten Blüten auf den City-Autobahnen von New Delhi
- Auch Kühe haben Hunger auf Menschenfleisch (Jaisalmer, Rajasthan).

Schottis Rezepte aus Indien

Huhn mit Mandeln

ZUTATEN FÜR 4 PERSONEN:

150 ml Vollmilchjoghurt

½ TL Maismehl

4 EL Ghee

4 Hühnerbrüste

2 Zwiebeln (in Scheiben geschnitten)

1 Knoblauchzehe

Ingwer (3 cm, fein gehackt)

1½ EL Garam Masala

½ TL Chilipulver

2 TL Currypaste

200 ml Hühnersuppe

150 ml Crème fraîche

60 g gemahlene Mandeln

125 g Fisolen

2 EL Zitronensaft

Salz, Pfeffer

Geröstete Mandelblättchen, frischer Koriander
(zum Garnieren)

Joghurt und Maismehl verrühren.

Ghee erhitzen, Hühnerbrüste goldgelb braten, beiseitestellen.

Zwiebel, Knoblauch, Ingwer in Ghee anbraten, danach Garam Masala, Chilipulver und Currypaste zufügen. Hühnersuppe und Joghurt unterziehen, mit Salz und Pfeffer abschmecken, unter Rühren aufkochen.

Hühnerbrüste dazugeben und bei geschlossenem Deckel 25 Minuten köcheln lassen – Fleisch auf Teller legen und beiseitestellen (warmhalten).

Crème fraîche, gemahlene Mandeln zufügen, Fisolen und Zitronensaft dazugeben und bei großer Hitze aufkochen.

Hühnerbrüste dazugeben und bei geschlossenem Deckel und reduzierter Hitze weitere 10 Minuten köcheln lassen.

Mit gerösteten Mandeln und frischem Koriander garnieren.

Hühner-/Fischcurry mit Chapati (siehe Seite 60)

ZUTATEN FÜR 4 PERSONEN:

2 Zwiebeln

5 Tomaten

5 Knoblauchzehen

3 EL Öl

½ TL Koriander

1 TL Kurkuma

½ TL Chilipulver

½ TL Salz

3 Erdäpfel

2 Karotten

1 grüner Paprika

100 g Erbsen

einige Karfiolröschen

100 g Kraut

4 Hühnerbrüste oder 1 kg Fisch (Kabeljau), würfelig geschnitten

Zwiebeln klein schneiden, leicht köcheln, passieren.

Tomaten klein schneiden, leicht köcheln, passieren.

Gepressten Knoblauch in (reichlich) Öl anschwitzen, Gewürze hineingeben, bis sie zu duften beginnen anbraten, mit Wasser ablöschen, eindicken lassen. Anschließend die passierten Zwiebeln und Tomaten hinzufügen.

Erdäpfel, Karotten, grünen Paprika, Erbsen, Karfiol und Kraut klein schneiden, bissfest kochen, Sauce dazugeben.

Huhn beziehungsweise Fisch in Stücke schneiden, in die Sauce dazugeben und köcheln, bis das Fleisch gar ist.

Chapati (Brot)

200 g Kichererbsenmehl
½ TL Salz
3 EL Wasser
2 EL Öl

Mehl, Salz und Wasser zu einem Teig vermengen.

Öl zufügen, kneten.

Fladen auswalzen, in einer Pfanne (ohne Fett oder Öl) braten.

Bei Gasherd oder offenem Feuer den fertigen Teig mit einer Zange über die Flamme halten – er bläht sich auf zu einem Kugelfisch … Bei Induktions- oder sonstigen Herden bleibt das Chapati flach wie eine Flunder.

Indische Joghurtsauce

300 g Naturjoghurt

3 EL Kichererbsenmehl

100 ml Wasser

1 TL Ingwer (fein gehackt)

1 Knoblauchzehe (zerdrückt)

1½ TL Chilipulver

1½ TL Salz

½ TL Kurkuma

1 TL Korianderpulver

1 TL Kreuzkümmelpulver

Joghurt mit Mehl und Wasser verrühren.

Gewürze, Ingwer und Knoblauch dazufügen und vermengen.

Mit frischem Koriander garnieren.

Zwiebel-Dhal

ZUTATEN FÜR 4 PERSONEN:

3 EL Öl

2 Frühlingszwiebeln (in Ringe geschnitten)

1 TL Ingwer (frisch gehackt oder gerieben)

2 Knoblauchzehen (zerdrückt)

½ TL Chilipulver

1 TL Kurkuma

1 TL Salz

250 g gelbe/rote Spaltlinsen (Masoor Dhal)

300 ml Wasser

Frischer Koriander

Frühlingszwiebeln in Öl anbraten.

Hitze reduzieren, Ingwer, Knoblauch, Chilipulver und Kurkuma dazugeben und kurz anbraten.

Linsen im Sieb waschen, dazugeben.

Wasser hinzufügen und 20-25 Minuten kochen.

Mit Salz abschmecken und mit Koriander garnieren.

Kirchererbsen-Curry

ZUTATEN FÜR 4 PERSONEN:

5 Erdäpfel

2 Zwiebeln (klein geschnitten)

3 Knoblauchzehen (gehackt)

1 Stück Ingwer (3 cm, gehackt)

2 TL Kreuzkümmel (gemahlen)

3 TL Currypulver

2 TL Korianderpulver

250 ml Kokosmilch

1 Dose geschälte Tomaten

2 Dosen Kichererbsen (gekocht)

3 EL Öl

½ TL Salz

Eventuell Sauerrahm

Erdäpfel schälen und würfeln, in Salzwasser kochen (nicht zu weich).

Öl heiß werden lassen, Zwiebeln, Knoblauch und Ingwer darin anschwitzen, Kreuzkümmel, Curry und Koriander unter Rühren dazugeben.

Kokosmilch hinzufügen.

Tomaten, Kichererbsen und Erdäpfel bei schwacher Hitze 20 Minuten mitköcheln.

Eventuell Sauerrahm dazugeben (zum Binden).

LESERIN, ICH LIEBE DICH!

Ohne dich, liebe Leserin, lieber Leser, gäbe es keine Bücher, keine Buchhandlungen und auch keine Verlage.

Daher wollen wir, unsere Autorinnen und Autoren dir mit unseren Liebeserklärungen DANKE sagen!

Möchtest auch du uns eine Liebeserklärung an ein Buch, an eine Autorin, an einen Autor oder an den Verlag schicken, freuen wir uns über Post an leserinichliebedich@amalthea.at.

Amalthea berührt, amüsiert und verführt.

Auf den Planken, die die Welt bedeuten

Michael Schottenberg, einstiger Theatermann, genießt sein neues Leben als Reiseschriftsteller: Nach Vietnam und Burma treibt ihn die Abenteuerlust diesmal an Bord des Frachtschiffs MS *Karina*. Drei Wochen lang begleitet er als »Seebär auf Zeit« die Crew bei ihren Fahrten durch die sturmgepeitschte Nord- und Ostsee, zwischen Deutschland und Schweden, den Niederlanden und Großbritannien.

Sehr persönlich und mit viel Humor erzählt »Schotti« von wunderlichen Matrosen und zauberhaften Seemannsbräuten, scheinbaren »Kulturstädten« und dem geschäftigen Treiben der Hafenzonen, aber auch vom einfachen Leben an Bord und der Einsamkeit auf See – und von den Urängsten im Angesicht eines durch Sturm entfesselten Ozeans …

....

Michael Schottenberg

Von Träumen und Schiffen

Unterwegs auf dem Frachtschiff MS Karina

208 Seiten, mit zahlreichen Reisefotos des Autors
ISBN 978-3-99050-162-7
eISBN 978-3-903217-41-6

Amalthea amalthea.at

»Burma ist tatsächlich so, wie man es sich vorstellt – und doch ganz anders.«

Michael Schottenberg, Reiseschriftsteller und ehemaliger Theatermacher, nimmt seine Leser mit zu neuen Abenteuern: nach Burma. Mit dem ihm eigenen Humor und einem Gespür für das Außergewöhnliche erzählt er von seinen Entdeckungsreisen abseits touristischer Massenpfade. Er erlebt nächtliche Irrfahrten durch den Großstadtdschungel von Rangun, schwebt in einem Ballon über die Pagoden des sagenhaften Bagan, stößt bei der Fahrt über das Gokteik-Viadukt an die Grenzen des Himmels und wohnt einem kitschigen Touristenspektakel ebenso bei wie einem versteckten Puppentheater im privaten Wohnzimmer. Vor allem aber erfährt er die Herzlichkeit der Menschen Burmas und entdeckt ein Land voll beeindruckender Schönheit, Würde und Heiterkeit.

....

Michael Schottenberg

Von neuen Welten und Abenteuern

Unterwegs in Burma

208 Seiten, mit zahlreichen Reisefotos des Autors
ISBN 978-3-99050-089-7
eISBN 978-3-903217-26-3

Amalthea   amalthea.at

Vom Volkstheater nach Vietnam. Mit einem sehr persönlichen Reisebericht präsentiert sich der Theatermacher Michael Schottenberg in seiner neuen Rolle als Globetrotter. Mit nichts als einem 40-Liter-Rucksack begibt sich der Geschichtensammler, Eigenbrötler und Philosoph in das Land von »Onkel Ho«. Unterwegs begegnet er »Brautpaaren, die an den Himmel stoßen«, wird von einem Gecko in Beschlag genommen und lässt sich vom Trubel des Nachtmarkts in Hanoi mitreißen.

Viele ungewöhnliche Begegnungen hat er, und er schildert sie alle mit dem ihm eigenen Humor. Ob bei einer kräftigen Pho-Suppe, im »Moped Motel« oder im Wasserpuppentheater: »Schotti« gewinnt Einblicke und Eindrücke vom Alltag der Menschen in Vietnam. Vieles erinnert ihn auch an früher, dann denkt er zurück – an wesentliche Momente seiner Theaterlaufbahn.

....

Michael Schottenberg

Von der Bühne in die Welt

Unterwegs in Vietnam

208 Seiten, mit zahlreichen Reisefotos des Autors
Als E-Book erhältlich
eISBN 978-3-903083-82-0

Amalthea amalthea.at